Elogio para *Cereza* SABOR Y COLOR DEL VERANO

Pocas cosas son tan bellas como un cerezo en flor. En Japón, anualmente, se celebra una fiesta en honor de este árbol de madera dura y color castaño, donde miles de personas acuden a los parques a contemplar sus flores que esconden un secreto especial: no se marchitan. Caen del árbol antes de hacerlo, empujadas por el viento.

Ocurre igual con el trabajo bien hecho. Con el cuidado atento, tierno y considerado de un simple árbol capaz de dar frutos que alegran el corazón del hombre. Este trabajo jamás se marchita. Vuela con el viento allá donde se haga más necesario.

Y lo mismo ocurre con este magnífico libro. Ha volado de un lado al otro del océano, conducido por el viento, ofreciendo el secreto de flores que no se marchitan y frutos que regocijan.

Gracias José María por este regalo mecido por el viento.

—**Diego Blanco Albarova**
Investigador cultural, escritor, guionista y productor de TV

Cuando José María Alonso Alonso de Linaje habla del Valle de Caderechas, el lugar donde vino al mundo y al que vuelve con frecuencia tras años de impartir la docencia en el País Vasco, se le ilumina la mirada. Cuando este autor de más de medio centenar de libros y artículos sobre naturaleza, valores y política departe sobre el cultivo de los árboles frutales que su familia aún conserva en Castellanos de Bureba se le agolpan las palabras en un torrente de entusiasmo y sabiduría. Un conocimiento que ahora ha plasmado en un libro, *Cereza sabor y color del verano*, y en el que descubre todos los secretos de este árbol y de su fruta.

—**Diario de Burgos**

El escritor y profesor José María Alonso Alonso de Linaje recoje en el reeditado *Cereza sabor y color del verano* todos los secretos de esta fruta. [Es] un manual completo [que] incluye todo tipo de información, desde propiedades de la fruta a recetas o lapida del árbol…[En la obra] se puede encontrar toda la información que uno pueda imaginar sobre el cerezo y su fruto: su cultivo, tratamiento, poda, posibles enfermedades, cómo regarlo, cuando florece; las propiedades nutritivas, vitamínicas y calóricas; la recolección, las propiedades de sus pepitas y su rabo… incluso recetas con esta fruta.

—**Jorge A. López**
El Correo

Cereza sabor y color del verano. Copyright © 2020 por José María Alonso Alonso de Linaje. Todos los derechos reservados. Se prohibe reproducir, almacenar o transmitir cualquier parte de este libro de ninguna manera y en ningún medio y ningún formato, incluido fotocopias, grabaciones y cualquier método eléctrico o electrónico, sin permiso previo por escrito, excepto en el caso de citas cortas para críticas.

Para solicitudes de permiso, escriba al editor a:
info@centiramopublishing.com

Publicado en Estados Unidos por Centiramo Publishing, Nueva York, NY
www.centiramopublishing.com ❦ info@centiramopublishing.com
Consultura artística: Janet Frances White
Diseño del libro: Pierce Centina

Originalmente publicado en España en 2007
Deposito legal B1—2342-03
El autor agradece el respeto a la propiedad intelectual
(c) por José María Alonso Alonso de Linaje

Edición internacional
ISBN-13 978-1-7347256-3-6
ISBN-10 173472563X

20 19 18 17 16 15 14 13 12 11 || 10 9 8 7 6 5 4 3

Elogio para *Cereza* SABOR Y COLOR DEL VERANO

Con gran curiosidad recibí el texto preciosamente escrito e ilustrado del presente libro *Cereza sabor y color del verano* de mi admirado amigo José María Alonso Alonso de Linaje. Mi curiosidad por su contenido, el agrado de su lectura y la satisfacción de recibir el honor de hacer una breve presentación del mismo, se debía no solo a razones de amistad, sino también a lo sugestivo del tema, una glosa práctica al cultivo de uno de esos milagros que la naturaleza nos ofrece, el cerezo. Un árbol frutal cuya cultura resume en sí mismo todo lo que la naturaleza nos da por voluntad del Creador. Es a su vez un espectáculo visual y una fuente de ricos manjares. Además de un tributo de vida para nuestra prosperidad y sustento, aporta un espectáculo de luz, color y movimiento, un embriagador perfume y un rico sabor que a todos deleita. En suma, alegría y todo un manantial de ingredientes para nuestros sentidos.

Un hermoso campo bien cultivado de cerezos, como el que por propio conocimiento y experiencia personal describe José María de forma tan completa y atractiva en el tranquilo Valle de Caderechas de la provincia de Burgos, atrae y enamora a quien lo contempla, especialmente desde la primavera al otoño, desde la floración hasta que las hojas languidecen con una variada graduación de colores. Un regalo para la vista que aporta no solo su sorprendente belleza al ambiente en que se cultiva sino además un delicia para el gusto, ya que las cerezas, como muy bien describe José María, ofrecen una múltiple gama de aplicaciones gastronómicas.

Gracias José María por tu experiencia personal, por ayudarnos a refl xionar con tus siempre sugerentes libros y por tus aportaciones al espíritu co escritor capaz de transmitir el encanto y la magia de la naturaleza.

—**Nicolás Jouve de la Barr**
Catedrático emérito de Genética, Universidad de Al

❦ ❦ ❦

Leyendo este libro he sentido un impulso irrefrenable de descalzarme, rrer a pisar la tierra desnuda y hundir en ella mis manos. José María no ha es un mero libro técnico sobre el cultivo del cerezo, sino una confesión de am arte con el que el agricultor se empeña en hacerle hablar a la naturaleza.

La Naturaleza creó al hombre para poder gozarse a sí misma a través d ojos. Sin el hombre, ¿quién registraría el paso de las estaciones? La naturale está ante él, sino en su mirada al calendario. En el gesto religioso del cam que arranca la mala yerba se asientan los cimientos de nuestro mundo. Este es, también, el de cada palabra de estas geórgicas de la cereza, humilde e de la rosa.

—**Gregorio Luri Me**
Autor y profesor de

"Nuestro planeta ofrece todo lo que el hombre necesita, pero no todo lo que el hombre codicia". —*Gandhi*

"Loado seas, mi Señor, por el hermoso sol, que nos alumbra y es bello y radiante y con gran esplendor; de Ti, oh Altísimo, lleva significación". —*San Francisco de Asís*

TAMBIÉN POR JOSÉ MARÍA ALONSO ALONSO DE LINAJE

LA VIDA CON LO COTIDIANO
Lo cotidiano: ¿misterio o realidad?
Símbolos y signos cotidianos
Propuestas cotidianas familiares
El teatro es arte en la vida cotidiana
Aprender a vivir y morir en la vida cotidiana
Diálogos cotidianos
Cuestiones cotidianas
Pautas de orientación personal
Propuestas bioéticas a cuestiones cotidianas
Gracias a la vida cotidiana
Unidad de vida a través de lo cotidiano
Aprendiendo de la vida cotidiana
Pautas para presentar el patrimonio cultural – religioso
La palabra hecha vida en lo cotidiano
En la fragilidad de la vida cotidiana está la belleza

VALORES Y VIDA
La familia del siglo XXI
¿Qué educación queremos?
Los valores en el plano inclinado
Valores cotidianos
La soledad como oportunidad

LA NATURALEZA HUMANA Y LAS CIENCIAS DE LA NATURALEZA
Somos contemplativos
Las rutas por la naturaleza: agrícola, campanas, flora...
La bicicleta: mitad aventura, mitad participación

VIVIR BIEN LA VIDA
La vida con las personas
La vida con la naturaleza
La vida con las cosas

ACTIVIDAD BIEN HECHA COMO CALIDAD DE VIDA
Una fuente de comunicación: la actividad bien hecha
El ocio como lúdico, creativo, compromiso, participativo
Empresa: familiar, servicios, educativa
Convivencia y negociación: familia, trabajo, amigos
Escuela: libertad, participación, familia, alumnado
Familia: comunicación, apertura, educación, empresa
Medios comunicación: prensa, radio...
Administración pública: ética, políticos, funcionarios, ciudadanos...

Cereza
SABOR Y COLOR DEL VERANO

JOSÉ MARÍA ALONSO ALONSO DE LINAJE

ÍNDICE

Introducción	XI
Rosa de los vientos	1
Descripción de la zona	2
1.- El suelo agrícola	4
Nutrición de los frutales: abonado	10
Características del nitrógeno, nitratos, amoniaco, fosfatos, potasa, calcio, hierro y boro	18
Arboricultura	21
El clima para el cerezo	23
Anatomía del cerezo	26
Vivero	30
Injerto	33
Plantación y cultivo	38
Poda	41
Enfermedades y tratamientos	46
Riego	57

ÍNDICE

Floración, polinización y fruto	58
Es tiempo de cerezas	63
Nos acercamos al valle	67
Cereza: historia, etimología y propiedades nutritivas	73
Algunas recetas con cerezas	75
Recolección - producción	80
Costes y consideraciones para hacer una plantación cerezos	83
Pautas para querer más a la naturaleza	86
Epílogo	95
Apéndice	97
A la cereza	102

INTRODUCCIÓN

Botánicamente el cerezo pertenece a la familia Rosáceas. Uno de los aspectos más gratificantes del cultivador de cerezos es saborear las cerezas recién cogidas. Los frutos abarcan una gama de colores que oscila entre el amarillo, pasando por el rosado hasta llegar al negro.

Comerlas en el momento en que se recogen es participar de la textura, color, aroma y sabor. Si a esto añadimos el placer de observar y contemplar la floración en los primeros días de primavera, el gozo aun es mayor.

La belleza de los árboles y sus frutos hace olvidar el esfuerzo que durante horas y días se han sucedido a lo largo de los años. El cerezo es un proyecto a largo plazo. Es necesario hacer una buena planificación de los elementos que intervienen en su desarrollo. Podemos considerar los siguientes factores que influyen: clima, orientación, microclima, suelo, emplazamiento, abonado, riesgos naturales, frío, heladas, preparación del terreno, plantación, variedades, poda, polinización, enfermedades, cultivo, fumigación, recolección...

Para quienes están convencidos de las maravillas del cerezo; para quienes se inician y para quienes desean probar este bello arte natural, en las páginas siguientes se dan detalles que pueden orientarles. En ellas podrán ver consejos, orientaciones, guías e información sobre los diversos procesos y uso correcto.

Un aspecto que reconforta es cultivar las diferentes variedades que existen en el mercado. El aficionado con su ingenio tiene la posibilidad de mejorar e investigar las diferentes variedades. Cuanto más se profundiza en las conexiones de la naturaleza, más maravillado se siente uno.

Las maravillas de la naturaleza es algo tan hermoso que resulta difícil dejarlo en manos del azar. Es tan grande que en un sentido es misterioso y bello. Siempre hay algo que descubrir.

Es tan grande y hermoso que una semilla diminuta pueda dar vida a miles de frutos, miles de flores, miles de hojas que liberan oxígeno capaz de dar vida a las personas.

La energía solar es el motor para que se lleve a cabo los procesos químicos. Primavera, verano, otoño e invierno son un continuo para la planta. Ella respira en todo momento, las cuatro estaciones son necesarias para que el proceso natural siga su curso. En este proceso podemos establecer dos fases:

CRECIMIENTO I (PRIMAVERA Y VERANO)

Lo situamos después de la floración. Se inicia la formación de frutos, tallos y la raíz se intensifica más.

Nuevos brotes, nuevas ramas, los procesos químicos de formación de células, almidón, vitamina, enzimas, aroma, etc. están interactuando.

Llegamos a junio, julio y los frutos del cerezo alcanzan su máximo esplendor y los brotes también han logrado nuevas dimensiones. El punto culminante de desarrollo ha llegado.

CRECIMIENTO II (DESPUÉS DEL FRUTO)

A partir del mes de agosto las yemas del cerezo se van formando para el próximo año y según su situación fisiológica nos encontramos con yemas que irán a flor y yemas que irán a leña.

Tienes ya, amigo de la naturaleza, algunas pautas para que te ilusiones y puedas ponerlas en práctica. Han sido sacadas de la experiencia para que tú, amante de la fruticultura, te ilustres y disfrutes un poco más.

Ahora, aprende lo que quieras, corrige lo que no te guste, disculpa lo que falta y piensa que lo que deseo es lo mejor. Te invito a que des un paso más. Lo inmediato, lo práctico y las técnicas que emplees son necesarias, pero donde vas a disfrutar más es en la contemplación tan maravillosa de lo creado y en las aportaciones que con sentido común hagas a esta obra tan bella que es la naturaleza.

ROSA DE LOS VIENTOS

El nombre *Rosa de los Vientos* proviene de la costumbre de reconocer los puntos cardinales por el nombre que en cada región reciben los vientos cuando soplan desde esa dirección.

La Rosa de los Vientos de la Viruela utiliza los nombre de vientos usados por los agricultores, ganaderos, fruticultores, hortelanos de Castellanos y Terminón.

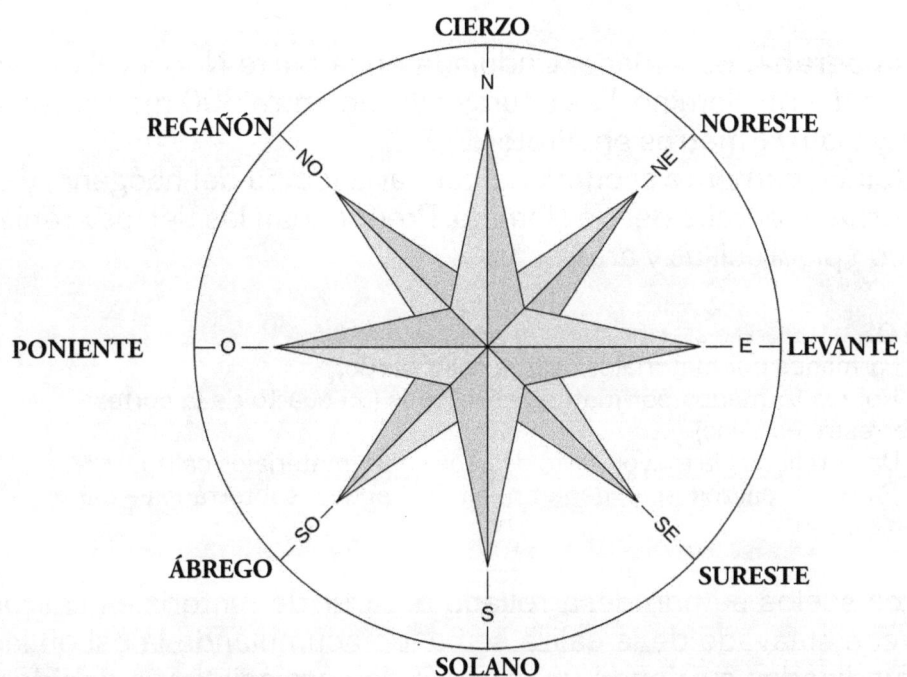

ROSA DE LOS VIENTOS

DESCRIPCIÓN DE LA ZONA

Enclavado en el Valle de Caderechas y en la comarca de la Bureba en Burgos (España), se encuentra la Viruela, perteneciente al Ayuntamiento de Oña, entidad local de Terminón.

Climatología: Podemos hablar de un clima templado. Los valores medios de las variables climáticas de la zona son las siguientes:

- Precipitaciones de otoño el 26%.
- Precipitaciones de invierno, 35%.
- Precipitaciones de primavera, 28%.
- Precipitación media anual, 600 a 850 mm.

En cuanto a la temperatura: Temperatura media anual 10 a 12°C.

Topografía: Es variada. Ondulada en la parte Norte y llana en la vega del río Homino. Las alturas oscilan entre 600 metros en la vega y los 1177 metros en Altotero.

Geológicamente secundaria, terciaria (etapa del neógeno) y el cuaternario el valle del río Homino. Predominan las tierras areniscas con piedrecillas y areniscas.

SUELOS
- Formados por materiales calizos color pardo.
- Rojizos formados por materiales silíceos (un cuarto de la corteza terrestre es sílice).
- Desarrollados la mayor parte de ellos sobre materiales calizos.
- Pardo – calizos que generan en las aguas subterráneas cal en exceso.

Los suelos se han desarrollado a partir de materiales calizos que con el lavado de la caliza se ha ido acumulando la cal en las profundidades sufriendo un proceso de enrojecimiento debido a la deshidratación de los óxidos de hierro.

Hidrología. Lo más representativo de la zona es el río Homino y el Caderechano. Los arroyos son abundantes, llevando agua la mayor parte del año para secarse en el verano.

El agua subterránea participa de las aguas salinas que se encuentran a pocos metros de profundidad.

Arbustos y pinares son los pinos de resina o negral los más abundantes. Esta variedad de pino ha dejado de ser explotados por haber sido sustituido los derivados de la resina por nuevos productos químicos. El pino resinero está siendo cortado y en su lugar se hacen nuevas plantaciones.

Se ha desarrollado una flora espontánea de tipo rastrero leñosa acompañada de encinas (*quercus ilex*), carrasca con quejigo que se entrecruzan con los pinos.

En las orillas del río Homino existen plantaciones de chopo, mimbreras silvestres. En linderos y ribazos está otro tipo de flora como tomillo, té, manzanilla...

Medioambiental. Desde el punto de vista medio ambiental es necesario mantener aquellas lindes, riberas, setos, encinas, chopos, quejigos..., que resultan imprescindibles para el desarrollo armónico de la flora y fauna.

Junto al desarrollo natural de las plantas existentes se puede regenerar el paisaje más erosionado mediante la plantación de especies autóctonas (*rosáceas y salicáceas*).

En otros espacios más pendientes se puede completar con especies tipo encina (*quercus ilex*); retama negra (*spartium junceum*); pino piñonero (*pinus pinea*); sabina albar (*juniperus thurifera*); enebro (*juniperus oxycedras*).

Fauna. Como el jabalí, la codorniz, la paloma, la paloma torcaz, el jilguero, el gorrión, la golondrina...,necesitan de un equilibrio del medio ambiente para un desarrollo equilibrado.

1.- EL SUELO AGRÍCOLA

Suelo viene de la palabra latina *solum* que significa base o fondo. Cada profesional lo estudia desde una perspectiva específica.

- Para el arquitecto será la capacidad para aguantar el peso del edificio que desea construir.
- Para el agricultor la capacidad que tiene para que la planta se desarrolle.
- Para el hortelano el tipo de planta de huerta que mejor se adapta.
- Para el frutero qué árbol produce más en cada terreno.
- Para el ingeniero de minas las reservas minerales que hay en el subsuelo.
- Para el ingeniero de obras públicas qué tipo de pilares son necesarios para que soporte el puente que va a realizar.
- Para el ingeniero del petróleo...

El suelo, tanto en sus propiedades físicas como química, ejerce una gran influencia sobre los frutales.

Los elementos básicos del suelo son: **arcilla, arena (pedregoso, arena fina, arena gruesa, etc.), caliza y de origen orgánico.**

De acuerdo con los componentes anteriores las tierras las clasificamos en: **tierra arenosa, arcillosa, limosa, calizas (50% es muy caliza), humíferas (25% es muy orgánica)** o combinatorias como arcillosa – silíceo, arcillosa – calcárea, etc.

Las tierras calizas (carbonato de cal) son poco favorables para frutales. Con un porcentaje mayor al 15% el frutal no se desarrolla.

¿CÓMO ESTUDIAMOS LOS SUELOS?

- En unos casos el suelo se estudia como medio de cultivo, donde entran en juego los materiales inorgánicos y orgánicos necesarios para el desarrollo de la vida vegetal y vida animal.
- En otros, como de reservas mineras, petrolíferas, gas natural, etc.

Desde la perspectiva agrícola nos interesa estudiarlo como medio de cultivo que abarca dos apartados lo visible externamente (llano, pendiente, vegetación, etc.) y lo visible a través de análisis de laboratorio requiriendo una capa más interna.

1.1 ANÁLISIS DEL SUELO

Técnicas cuantitativas y cualitativas. Para ello necesitamos llevar a cabo una excavación para poder averiguar las propiedades físicas y químicas. En la técnica cuantitativa tenemos dos posibilidades:

a) Analizar la primera capa y para ello cogeremos diferentes muestras en tresbolillo. Cogeremos la misma cantidad hasta lograr varios kilos.
b) Analizar capas más profundas. Haremos excavaciones superiores a un metro de profundidad. En este caso las muestras que se recojan se refieren a superficie de cada perfil. Cada perfil tiene sus características. El perfil 1 es rico en materia orgánica; el perfil 2 es rico en arcilla.

Desde un *análisis cualitativo* tendremos en cuenta el color, a través de la vista; espesor a través del tacto. Con ello conoceremos las propiedades físicas del suelo.

Hay una cierta relación con el color. La capa más superficial varia desde el blanco al gris, excepto cuando la cantidad de materia orgánica es alta. La materia orgánica por la acción microbiana se convierte en humus que es un material fino de color casi negro con un alto grado de poder colorante.

Entre un 5% y un 10% de materia orgánica podemos convertir el suelo en color negro. Otro elemento con diferentes colores el óxido férrico (Fe_2O_3) y el óxido ferroso (FeO).

El suelo lo integran tres elementos: sólido, líquido y gaseoso. La proporción de cada uno de estos tres elementos va a determinar uno u otro tipo.

1.2 MATERIA ORGÁNICA
Su distribución en el suelo es irregular y depende de la climatología, los minerales, el suelo, mayor o menor vegetación, etc.

- A mayor vegetación más materia orgánica.
- A mayor humedad mayor materia orgánica.
- A mayor erosión menor materia orgánica.
- A mayor materia orgánica mayor retención del agua.
- La materia orgánica amortigua el pH.
- La descomposición de la materia orgánica produciones CO_2, NH_4 y NH_3 que son elementos nutritivos para el crecimiento de las plantas.

¿QUIÉN TRANSFORMA LA MATERIA ORGÁNICA?

Virus, bacterias, hongos, algas..., son los microorganismos que transforman la materia orgánica.

Plantas y animales vivos o muertos se van incorporando al suelo a través de la descomposición. En esta descomposición interviene el mundo vegetal, el mundo animal y las condiciones reductoras y oxidantes del suelo. Se calcula que:

- En un suelo tipo medio hay más de 25000 kilogramos de plantas y animales por hectárea.
- La mayoría de los suelos tienen entre 1% y un 5% de materia orgánica. Estos porcentajes pueden aumentar en la selva y disminuir en lugares áridos.

Con el tiempo la materia orgánica del suelo se va haciendo mineral. Es necesario que el suelo siempre tenga un porcentaje mínimo de materia orgánica para que:

- Respire bien (porosidad).
- Retenga el agua.

Cuando los cultivos son, por ejemplo, las hortalizas, su producción se retira del campo, no dejando ninguna materia orgánica.

El suelo **necesita restituir la materia orgánica,** cambiar de producción, echando estiércol o llevando ganados a los terrenos para que echen directamente sus excrementos.

Algunos datos sobre los estiércoles. De más riqueza a menos, podemos establecer el orden siguiente:

- El de aves (gallinas, etc.) es cuatro veces más rico que el de vacuno. Tiene mucho fósforo y cal.
- Oveja y caballo. Rico en potasio, nitrógeno y fósforo.
- Vacuno y porcino. Tiene potasio, nitrógeno y menos fósforo.

1.3 MATERIA INORGÁNICA

Es la formada por rocas y minerales. Los elementos más representativos son oxígeno, silicio, sodio, calcio, hierro, magnesio, potasio, hidrógeno... Ellos representan el 99% de los componentes del suelo. En síntesis podemos afirmar que el suelo está formado por:

- Carbonatos de calcio, magnesio, etc.
- Silicatos de cuarzo, arcilla, etc.
- Materia orgánica.

Los silicatos tienen como base la sílice.

1.4 POROSIDAD DEL SUELO
El agua y el aire entran y salen por los poros. Los poros son compartidos por el aire y el agua. Los poros grandes normalmente por el aire y los poros pequeños por el agua. El agua para las plantas tiene diferentes funciones:

- Necesita de ella para los procesos fisiológicos.
- Necesita de ella porque lleva nutrientes. Se mueve en estado de vapor como líquido.

Es importante ver la cantidad de agua y aire que pueden acumular el suelo. Esta acumulación influye en el desarrollo de las plantas. EJEMPLO: *Los terrenos arenosos son muy porosos, acumulan poco agua y aseguran una adecuada circulación del aire. Los terrenos arcillosos acumulan bien el agua porque tienen muchos poros pequeños.*

1.5 pH DEL SUELO
Los suelos suelen oscilar entre pH 4 y pH 8. Cuando los suelos están fuera de estos parámetros se caracterizan por lo siguiente:

- Exceso de sal, pH por encima de 8. Hay poca lluvia y mucha evaporación.
- Ácido sulfúrico, pH por debajo de 4.
- Posee casi todos lo nutrientes y actúan armónicamente pH 6 y 7.

Medir el pH del suelo nos orienta en las carencias del suelo y de esta forma tomar medidas para equilibrarlo. El pH influye positivamente o negativamente para el crecimiento de las plantas. En regiones con pocas lluvias y mucha evaporación el grado de salinidad aumenta.

1.6 PRUEBA PARA MEDIR SUELOS CARBONATOS Y SILÍCEOS
Verter varias gotas de ácido clorhídrico sobre el suelo. Si el suelo es carbonato la reacción química produce efervescencia (desprende dióxido de carbono).

$$CaCO_3 + 2HCl = CO_2 + H_2O + CaC_{l2}$$

Si no hay eferverescencia estamos ante un suelo silíceo.

1.7 CAUSAS DEL MAL DESARROLLO
- Exceso o carencia de agua.
- Falta de oxígeno en las raíces de la planta o en los organismos del suelo.
- Enfermedades.
- Desequilibrio en los nutrientes por defecto u exceso.

1.8. CAUSAS DE BAJA PRODUCCIÓN
- Deficiente polinización.
- Deficiente abonado.
- Deficiente poda.
- Un pH del terreno desequilibrado.
- Tipo de variedad.

1.9. SUELO RICO EN MINERALES
- El suelo arcilloso retiene mejor los fosfatos y potasa.
- El suelo arenoso retiene mal los fosfatos y potásicos.
- Las cascajeras son ricas en superfosfatos. Es terreno adecuado para cerezos y almendros.

1.10 SUELO ADECUADO A LOS CEREZOS
- Los suelos tipo cascajeras son adecuados para cerezos y almendros.
- Una de sus características es que son ricos en superfosfatos.

NUTRICIÓN DE LOS FRUTALES: ABONADO

El ser vivo necesita energía física (luz) y energía química (compuestos químicos) para su desarrollo. Las plantas verdes aprovechan la energía física (luz solar o luz artificial) para llevar a cabo la fotosíntesis.

Las plantas como los animales están constituidos en su mayor parte de agua, aproximadamente el 80% es agua y el resto materia seca. La concentración mayor de agua son los tallos nuevos que alcanzan más del 90%. En cambio, la madera más vieja suele tener el 50%. EJEMPLO: *Algunas semillas tienen el 10% de agua. Algunos hongos el 90%.*

Por experiencia sabemos que las personas y los animales se alimentan de plantas o de otros animales. Las plantas constituyen la fuente de alimentación de todos los animales y las plantas.

¿CÓMO SE ALIMENTAN?

ALGUNOS DATOS HISTÓRICOS
- Los primeros tratados sobre agricultura los encontramos hace más de 2400 años y se basaban en la materia orgánica del suelo y de los animales.
- Los griegos pensaban que las plantas absorbían los alimentos de la tierra.
- Tuvieron que pasar muchos siglos para comprobar que la afirmación griega era incompleta.
- Helmont en el siglo XVII observó lo siguiente: Los kilos que alcanzó el árbol plantado en una gran maceta eran muy superiores a los kilos de tierra que disminuyó la maceta. Para justificar el aumento de kilos, lo centró en el agua que utilizó para regarla.
- Para llegar a los abonos químicos inorgánicos tenemos que acercarnos a la Revolución Industrial del Siglo XIX.
- En el siglo XIX se siguió estudiando la composición de las plantas y se comprobó que tenía oxígeno, hidrógeno, carbono, fósforo, nitrógeno...Esto demostró que el agua era insuficiente, pues no tenía todos estos elementos. Entonces, ¿de dónde procedían? El carbono, del gas carbónico del aire; nitrógeno, fósforo...de los fosfatos, nitratos de la tierra.

Para llevar a cabo todas estas funciones las plantas verdes necesitan energía solar. Es lo que llamamos la fotosíntesis: consume anhídrido carbónico (CO_2) y produce oxígeno.

El carbono lo retine la planta en forma de compuesto orgánico como almidón y desprende oxígeno.

Investigaciones posteriores demostraron que la acción de la luz sobre las plantas amplían el número de reacciones formando nuevos compuestos carbonados. En síntesis podemos afirmar que:

- La luz es fuente de energía para la fotosíntesis.
- La luz influye sobre la producción, el crecimiento.
- La luz afecta a la coloración.
- La mayoría de las plantas aprovechan entre el 1 y el 3% de la luz absorbida.
- Los tres componentes más importantes del ser vivo son el nitrógeno, oxígeno y carbono.
- Las plantas son sensibles a la luz, humedad y gravedad.
  - Las ramas se dirigen hacia la luminosidad.
  - Las raíces crecen hacia la humedad.
  - Los tallos crecen contra la gravedad y la raíz con la gravedad.

ELEMENTOS QUÍMICOS DEL SUELO

De los elementos químicos que se encuentran en la tierra los que más absorben las plantas y pueden llegar a escasear son el fósforo, potasio, nitrógeno y calcio. El grupo formado por sodio, cloro, magnesio, manganeso, silíceo, hierro. Aunque están en pequeñas cantidades, suelen ser suficientes para las plantas.

Los **cuatro elementos que más absorben las plantas (fósforo, potasio, nitrógeno, calcio) se les llama fertilizantes** y son los que hay que añadir al terreno para lograr mayor producción.

ELEMENTOS BIOLÓGICOS DEL SUELO

Son el conjunto de gérmenes, microbios, bacterias, bacilos microscópicos, etc. que llevan a cabo la transformación bioquímica en el suelo.

Una de las tareas más importantes es la transformación en nitratos que son absorbidos por la raíz, almacenándolos en ella y en los tallos durante el invierno y movilizados en las hojas en primavera y verano por la función clorofílica.

La nutrición de las plantas y en concreto el cerezo requiere la circulación de productos. Estos productos se agrupan en:

- Savia bruta (raíz, hojas) que circula de abajo a arriba.
- Savia elaborada (hojas a la raíz) que circula de arriba hacia abajo.

La savia bruta procede de la raíz que ha absorbido sales minerales y agua y se reparte por toda la planta.

La savia elaborada se realiza en las partes verdes (hojas) y por la acción de la fotosíntesis produce azúcar. Con este azúcar y con las sales disueltas en la savia bruta las células sintetizan los demás productos orgánicos: proteínas, lípidos...que se reparte a la planta (frutos, tallos jóvenes, raíz, etc.).

Ramas (hojas) y raíces son los dos extremos de la planta que hacen posible la captación de elementos para la vida. Entonces podemos hablar de la parte visible y la parte invisible. Ambas partes dan sentido al ser vivo llamado planta.

POR LAS RAMAS
- A través del aire: oxígeno, hidrógeno, agua, anhídrido carbónico, etc.
- Agua de tormenta: nitrógeno, nitratos, amoniaco, hidrógeno oxígeno agua, etc.

POR LA RAÍZ
- Micronutrientes que las plantas los necesitan en pequeñas cantidades: hierro, sodio, cinc, cobre, cloro, boro, manganeso, etc.
- Macronutrientes que las plantas los necesitan en grandes cantidades: fósforo, potasio, nitrógeno, calcio, magnesio, azufre, etc.
- Agua.

Cada desarrollo necesita más de un tipo que de otro, pero a su vez, todos son necesarios.

El carbono, hidrógeno y oxígeno son los tres elementos comunes a las proteínas, lípidos e hidratos de carbono.

- Las plantas necesitan minerales como fósforo, potasio, calcio, etc. y materiales orgánicos.
- Los animales hidratos de carbono, lípidos, proteínas, vitaminas...

PLANTAS	
Agua el 80%	Restante materia seca el 20%
	☞ Carbono 40% - oxígeno 40% - hidrógeno 6%. ☞ Macroelementos: nitrógeno 2% - fósforo 1% - potasio 0,3%. ☞ Microelementos: calcio 0,5% - magnesio, azufre. ☞ Elementos más pequeños: hierro, manganeso, cobre, etc.

La utilización de la dosis adecuada hace que se desarrolle mejor y más equilibrado. El tener en exceso un tipo de nutriente no sirve para cubrir la carencia de otro.

Las plantas necesitan➔	☞ Hidrógeno, oxígeno, carbono, luminosidad... para transformarlo en proteínas, hidratos de carbono, lípidos, etc. ☞ Todas estas funciones tienen que ir acompañadas de minerales para las diferentes fases de crecimiento.
Los animales necesitan➔	☞ Proteínas, hidratos de carbono, grasas, vitaminas...que los vegetales han sintetizado.

▶ EJEMPLO: *En la persona el exceso de vitaminas nos suple la carencia de hidratos de carbono. En la planta el exceso de nitrógeno no sustituye la carencia de fósforo.*

PLANTAS	ANIMALES
☞ Nacer. ☞ Desarrollo del tallo. ☞ Desarrollo del fruto.	☞ Nacimiento. ☞ Crecimiento: huesos, músculo... ☞ Producción.

▶ EJEMPLO: *Un exceso de grasas para la persona tiene inconvenientes para la salud. En las plantas el exceso de algún nutriente es perjudicial para el suelo y como consecuencia para las plantas.*

Los abonos naturales han estado siempre. La misma naturaleza es rica en minerales nutrientes.

▶ EJEMPLOS: *En Noruega, el nitrato de cal (20% de cal, 15% nitrógeno). En Chile, nitrato de sodio (26% de sodio, 15% de nitrógeno).*

En cambio, los abonos desarrollados en laboratorio han sido muy cercanos a nuestros días. La Revolución Industrial desarrolló los abonos químicos o inorgánicos. Los primeros inorgánicos hay que situarlos en el siglo XIX. Es Alemania la que desarrolló en especial los potásicos.

Para llegar al abono nitrogenado nos tenemos que situar a principios del siglo XX. El gran consumo de abono químico tiene lugar en última mitad del siglo XX (después de la 2ª guerra mundial).

El abonado (químico o tipo estiércol) consiste en modificar la concentración de iones del suelo para lograr un mayor desarrollo de las plantas y una mayor producción.

Los abonos podemos clasificarlos atendiendo al origen y a su composición:

▶ **Por origen**: Minerales, animales, vegetales y mixtos.
▶ **Por su composición**: Completos cuando entran en su composición los cuatro elementos fertilizantes (potasa, cal, nitrógeno y ácido fosfórico); incompletos cuando falta alguno de los anteriores; estimulantes aquellos que sin ser absorbidos directamente por la planta provocan reacciones químicas en el terreno siendo absorbidos por la planta. EJEMPLO: *Echando yeso, cal...En síntesis podemos hablar de abono rico en nitrógeno, potasio, fósforo y calcio.*

¿QUÉ ACCIÓN LLEVA A CABO CADA ABONO?

ABONO INORGÁNICO
- Los nitrogenados favorecen el rápido crecimiento vegetativo (hojas). EJEMPLO: *nitratos.*
- Los fosfatados enriquecen el suelo con el fósforo y ayudan a tener mejores cosechas. EJEMPLO: *La remolacha da más azúcar; la espiga grana mejor, las semillas adquieren más peso, etc.*

- Los potásicos proporcionan a las células la potasa necesaria para fabricar el almidón.
- Los calizos o calcáreos. El yeso o la cal se utilizan como abono calizo. Pertenece al grupo de los estimulantes.

ABONO ANIMAL
- Es rico como fertilizante y de descomposición rápida.
- Despojos acción rápida, ricos en nitrógeno.
- Pescados ricos en nitrógeno y fosfatos.
- Deyecciones de los animales. La proporción de nitrógeno varía. Si establecemos un orden de mayor a menor nitrógeno es el siguiente: lanar, aves, vacuno y por último cerdos. Lo de las personas está en el intermedio.

ABONO VEGETAL (ABONO VERDE)
- El formado por hojas, ramas, hierbas, tallos, fruta y en general todos los restos de vegetación se utilizan para devolver a la tierra parte de los elementos fertilizantes que han sido absorbidos.
- De esta forma se cierra el ciclo cediendo al terreno parte de los elementos fertilizantes (nitrógeno, fosfato, potásicos, calcio) que absorben durante el desarrollo.

DEYECCIONES DE LA PERSONA
- **Orina** de rápida acción y descomposición. El nitrógeno se encuentra en forma de urea descomponiéndose en amoniaco, anhídrido carbónico y agua. *Proceso:* La orina se convierte en carbonato amónico. El carbonato amónico se descompone en amoniaco: NH_3 + anhídrido carbónico (CO_2) + agua (H_2O).
- **Sólidos** contienen fosfatos, nitrogenados y algo de potasa.

Si queremos evitar los malos olores se puede añadir un kilo de sulfato de hierro por 30 litros de residuos.

El *abono químico inorgánico* se mide por la riqueza de elementos:

>El compuesto ternario emplea los tres nutrientes más importantes: 1º nitrógeno (N), 2º fósforo (P) y 3º potasio (K).

Los fabricantes de abonos compuestos lo expresan de varias *formas distintas*:

> a) Teniendo en cuenta su testura. Sólidos se echan al suelo. Líquidos se echan a las hojas. Gaseosos se echan en invernaderos.
> b) Con tres cantidades. EJEMPLO: *30 – 7 – 12.*

Su equivalencia es la siguiente:

30% de nitrógeno (N); 7% de ácido fosfórico (P_2O_5) y 12 de potasa (K_2O).

Para saber la equivalencia de % real de fósforo y potasio necesito saber el factor de conversión.
Si el factor de conversión del fósforo es de 0,44 y el del potasio 0,83, el porcentaje real sería el siguiente:

7% de ácido fosfórico x 0,44 (factor de conversión) = 3,08%
12% de potasa x 0,83 (factor de conversión) = 9,96 %

c) Por su formulación química:

Un solo compuesto. EJEMPLO: *Nitrato amónico (36 – 0 – 0); Cloruro de potasa (0 – 0 – 30); Varios compuestos.* EJEMPLO: *Ternario N – P – K (15–8–4). Binario P – K (0 – 15 – 15).*

El resto se llena con escorias, cloruros, impurezas, oxígeno.
Una variante es el abono complejo que consiste en que cada grano tiene la proporción señalada en el envase. De esta forma la riqueza del mineral se distribuye por igual. En cambio cuando es polvo debido a la densidad puede repartirse de forma desigual.

ABONADO POR PLANTA

El abonado para que sea completo necesita de abono *orgánico y fertilizantes*. El estiércol es como abono orgánico imprescindible. Necesita de abonos minerales nitrógeno, potasio, fósforo...para que complete las carencias de la tierra.

Dentro del abono químico podemos distinguir: sólidos, líquidos y gaseoso.

¿CÓMO DETECTAR LAS CARENCIAS?

Frutales y árboles que están muchos años en el mismo suelo, por ejemplo, el cerezo, puede tener carencias. La observación de las hojas, el fruto, las ramas o el tronco puede ser un buen análisis para detectar el tipo de abono que necesita.

Sería conviene analizar el terreno para determinar densidad, porosidad, pH, nutrientes, propiedades físicas y químicas. Si el análisis nos resulta dificultoso podemos partir del siguiente criterio:

DOSIS ORIENTATIVA POR PLANTA AL AÑO

INORGÁNICO
- 3 kilos del abono combinado ternario (nitrógeno, fósforo y potasio). Es conveniente echarlo en invierno e introducirlo en la tierra.
- 1 kilo de potasa un mes antes de la recolección para favorecer los azúcares del fruto.
- 2 kilos de fosfato en otoño para favorecer el brote de primavera.

ORGÁNICO
- 2 kilos de estiércol.
- 2 kilos de abono verde.

EN SÍNTESIS
- El potasio útil para armonizar las cualidades del fruto.
- Fósforo interviene en la germinación (nacimiento).
- Nitrógeno genera partes verdes (crecimiento tallo hojas).

CARACTERÍSTICAS DEL NITRÓGENO, NITRATOS, AMONIACO, FOSFATOS, POTASA, CALCIO, HIERRO Y BORO

El nitrógeno es el único nutriente que no se encuentra en la tierra ¿Dónde lo encontramos?

- En estado combinado (orgánico o mineral).
- En estado gaseoso en la atmósfera en la proporción de 5 partes, cuatro de nitrógeno (78%).

¿CÓMO LO ABSORBE LA PLANTA?
SÓLO EN FORMA DE MINERAL

El color verde y el follaje de la planta están relacionados con el nitrógeno. **A más abono nitrogenado más verdor.**

En cuanto a la producción es necesario un equilibrio en la dosis de nitrógeno. Un exceso de nitrógeno puede provocar mucha vegetación, pero poco fruto.

El nitrógeno (N_2) se transforma:

- En nitrógeno amoniacal NH_4
- Amoniaco NH_3
- Nitrito NO_2
- Nitrato NO_3
- Está en el suelo en forma de nitratos.
- Su escasez supone la muerte de la planta.

Nota: Las leguminosas (alfalfa, trébol, etc.) son las únicas plantas que tienen la capacidad de absorber el nitrógeno de la atmósfera y fijarlo en el suelo.

NITRATOS
- Está muy poco tiempo en el suelo.
- La planta lo tiene que absorber a los pocos días.
- Es muy soluble.
- Se pierde fácilmente con la lluvia.

- Pasa enseguida a la capa freática y tiene las siguientes consecuencias: El hidrógeno del agua se contamina de nitritos, nitratos...haciéndolas no potables y con peligro para la salud.

FÓSFORO
- Se encuentra en forma de fosfatos en la tierra.
- Su escasez hace disminuir la cantidad de frutos, su calidad y órganos vegetales de la planta.

CALCIO
- Se encuentra en el suelo en forma de sulfatos y carbonatos.
- Su escasez afecta a las hojas y los tallos.

POTASA
- Ayuda a vencer las enfermedades.
- Afecta la síntesis del almidón que realiza la función clorofílica.
- Su escasez detiene el crecimiento de la planta.
- Se halla en estado de sulfatos, carbonatos y nitrato.
- Abunda en tierras arcillosas, graníticas y volcánicas.
- Interviene en la formación de glúcidos (uva, etc.).
- Con mucha luz la planta absorbe menos potasa.
- Aumenta la resistencia a las heladas porque la savia tiene mayor concentración de minerales.
- Interviene en la transpiración de la planta. Así una buena alimentación en potasa la planta necesita menos agua.
- La planta absorbe toda la potasa que tenga para transformarla en fruto.
- La falta de potasio se manifiesta en áreas muertas en tallos, nervios. Se soluciona echando potasio en el terreno.

HIERRO

- Amarillean las hojas porque pierde la clorofila.
- Puede ser producido por exceso de cal o falta de hierro.
- Los terrenos calizos pueden ser una dificultad porque le bloquea. Se soluciona echando hierro como fertilizante. EJEMPLO: *50 gramos por planta.*

BORO

- Produce deformaciones en la fruta (pera, manzana...), corteza rugosa, manzanas con manchas.
- El boro queda bloqueado en el terreno porque hay demasiada caliza. Las zonas húmedas sufren pérdidas de borro por lavado.
- Se soluciona con boro como fertilizante.

En cuanto a la duración en la superficie:

NITRATO	AMONIACO	POTASIO	FOSFATOS - SUPERFOSFATOS
☞ Es absorbido enseguida por la planta. ☞ Es el que menos tiempo está en la I capa de la tierra. En 15 días lo absorbe. ☞ Después pasa al subsuelo. ☞ Se echa sobre la superficie. ☞ Época adecuada primavera.	☞ La planta lo absorbe durante más tiempo. Está un poco tiempo más. En ochenta días se descompone.	☞Llamada potasa. ☞ Cada año penetra 30 centímetros. ☞ Se concentra en tejidos jóvenes. ☞ Desempeña funciones de regulación.	☞ La planta tarda más tiempo en absorberlo. ☞ Puede durar varios años. ☞Conviene enterrarlo. ☞ Es un abono a medio plazo. ☞Epoca del año en otoño. ☞ Penetra un centímetro por año. ☞ Si se echa somero las hierbas lo absorben.

El sistema de riego por GOTEO tiene las siguientes ventajas:

A) Dosis adecuada para cada cerezo y aprovechamiento mejor del agua.
B) Permite llevar el abono líquido adecuado a cada planta y evitar residuos en el suelo.

ARBORICULTURA

Agricultura es una palabra derivada de las latinas "ager" (campos) y "colo" (yo cultivo). Etimológicamente significa cultivo del campo.

El pensador Balmes nos dice: "Tiene por objeto hacer producir la tierra con poco coste, pronto, mucho y bueno".

Dentro de ella se encuentra la arboricultura que trata del cultivo de los árboles.

El árbol como ser vivo vegetal nos **reporta servicios y beneficios de diferente tipo**:

- Sombra, producción de oxígeno para poder respirar, protección, alimento, madera para hacer muebles, fuego, recrearnos con la mirada, potenciar nuestra imaginación, contemplar y descubrir al Creador, fabricación de papel, regulación de la humedad, evitar la erosión del terreno, afianzar los suelos, los márgenes de los ríos, regulación de la temperatura, descubrir nuevas funciones, aplicaciones, etc.

Todo árbol crece cada día longitudinalmente y en diámetro:

- Longitudinalmente yemas y ramas.
- En diámetro para el desarrollo concéntrico de nuevas capas internas.

EL ÁRBOL CONSTA DE YEMAS TERMINALES Y YEMAS LATERALES

Las yemas terminales son la base para crecer en extensión. Las yemas laterales dan origen a ramas a partir del segundo año, excepto si hemos cortado las yemas terminales que serán durante el primer año.

Las hojas son la fábrica de alimentos de la planta. Utilizan el agua y los minerales disueltos que viene de las raíces más el anhídrido carbónico absorbido de la atmósfera y la luminosidad para fabricar complejas sustancias alimenticias. Este tiene lugar en las hojas verdes. Para ello necesita de la energía procedente de la luz para que realice la fotosíntesis.

LA PERSONA ANTE LOS FRUTALES

Cuando la persona quiere dedicarse a la explotación racional de los frutales tiene que hacerse algunas preguntas:

- Qué extensión quiero dedicar.
- Qué tipo de suelo tengo.
- Qué tipo de planta quiero plantar.
- Qué climatología tengo en la zona.

Dentro del conjunto de árboles nos centraremos en el cerezo. Su multiplicación es por semilla y posteriormente injertarlo para obtener la variedad deseada.

EL CLIMA PARA EL CEREZO

El clima es decisivo para todos los árboles frutales. Cada variedad frutal alcanza su desarrollo óptimo dentro de una climatología adecuada.

El cerezo necesita de una climatología templada para su desarrollo. La temperatura, el viento y las precipitaciones son algunos de los aspectos más importantes que el fruticultor tiene que tener en cuenta a la hora de planificar el campo de frutales.

En estado de reposo (invierno) los cerezos pueden resistir temperaturas muy bajas (-15°).

El comienzo de la primavera trae consigo el comienzo de la actividad vegetativa: **floración, polinización fecundación**. En estos momentos el árbol es sensible a las variaciones de temperatura.

Si todos los elementos son importantes, quizá sean **las temperaturas** las más determinantes en el **periodo**:

- Defloración.
- Fecundación.
- Y los primeros días de formación del fruto.

El ovario, óvulos en la base del estilo se congelan y mueren si está actuando aproximadamente una hora temperaturas comprendidas entre −2° y + 1°. Este proceso nos confirma que una sola noche es capaz de destruir toda la cosecha.

Unas temperaturas bajas (-2° y + 1°) para esta época dañarían definitivamente el fruto. Son las **heladas de primavera** (abril - mayo) las que pueden hacer mucho daño.

EN LA ESCALA DE FRAGILIDAD
- La más resistente es la yema.
- Un poco más débil la flor.
- El más débil el fruto recién formado.

LA GRAVEDAD DEL HIELO DEPENDE
- Del tiempo que está helando.
- De la humedad ambiental.
- Del momento en que se produce.
- Del número de grados.
- Del desarrollo de las yemas.

Cuando la helada afecta al inicio del fruto (embrión), el embrión deja de crecer y cae.

UN SÍNTOMA DE QUE SE HA HELADO EL BOTÓN FLORAL ES QUE
- Se vuelve negro y cae del árbol. Aproximadamente a las dos semanas.
- La flor puede quedar estéril por los daños ocasionados en estilo y el ovario.

EN AMBOS CASOS, ¿CÓMO SE PUEDEN OBSERVAR LOS DAÑOS?
- A los dos días se hace un corte en el pequeño fruto.
- Si vemos que el corazón está negro se ha helado.
- Si abrimos el ovario y vemos en él un punto negro la helada lo ha destruido.

¿CÓMO DEFENDERSE?
- Elegir zonas de orientación al sol y con buena ventilación. Las zonas sombrías y húmedas son perjudiciales.
- Los árboles con fuerza les afecta menos las heladas.
- Elegir variedades adecuadas en cuanto a la floración temprana, tardía.

En **cuanto a la humedad** es conveniente un grado de precipitación adecuada en épocas invernales. Cuando la lluvia es frecuente y la humedad alta puede dañar a las hojas, la raíz y el fruto.

Cuando las hojas permanecen mojadas mucho tiempo en época primaveral, se desarrollan más enfermedades y el fruto se estropea fácilmente.

Ante esta realidad se ha dicho que las zonas donde los cerezos traen sus frutos, son espacios con un microclima especial.

ANATOMÍA DEL CEREZO

Existen dos grandes variedades de cerezo: *Pronus Avium* y *Pronus Cerassus*, llamado también guindo.

Existen diversas hipótesis. Una de ellas afirma que:

- *Prunus Cerassus* procedería de *Pronus Avium*.
- *Pronus Cerassus tetraploide* podría ser el resultado de una fecundación sin reducción cromática. *Pronus Avium* es diploide.

ALGUNAS CARACTERÍSTICAS DE CADA VARIEDAD	
Pronus Avium	**Pronus Cerassus o Guindo**
☞ Árbol grande. ☞ Fruto grande y rojo. ☞ Sabor dulce. ☞ Flores grandes, olorosas. ☞ Variedades: garrafal, fresona, negra. ☞ Procedente de Europa.	☞ Árbol pequeño. ☞ Fruto color rojizo pequeño. ☞ Sabor ácido y dulce. ☞ Flor color blanca o rosada.

En ambos casos es una drupa con una sola semilla. La polinización y fecundación del óvulo son necesarios.

Ahora estudiaremos las partes siguientes: raíz, tronco, ramas, hojas y flores.

FUNCIONES DE LAS RAÍCES
- Sostén del árbol (raíces gordas).
- Alimentar al árbol (raíces finas).

- Respiración más débil que por la copa. Las zonas mal drenadas o encharcadas dificultan la respiración y dañan al árbol.
- Circular las sustancias hasta las hojas. Que la savia bruta llegue hasta las hojas y se transforme en savia elaborada.
- Almacén de reservas. Almacena sustancias que proceden de la savia elaborada. Lo hace en verano hasta el otoño. En invierno empieza a disminuir porque produce menos raicillas.

EXTENSIÓN Y PROFUNDIDAD DE LAS RAÍCES

- Influye el tipo de suelo (arenosos, arcillosos).
- Siempre es mayor la superficie que ocupa la raíz que la copa del árbol.
- Las raíces absorbentes se encuentran a un metro aproximadamente del tronco.
- En cuanto a la profundidad lo normal es de 50 centímetros pudiendo llegar hasta 2 metros o más.
- La proximidad de las raíces absorbentes con la superficie exige que las labores sean someras. Una profundidad en el cultivo de más de 20 centímetros puede dar a un 9% de las raíces absorbentes.

CON RELACIÓN A LA RAÍZ HAY QUE CONSIDERAR

- Que si la zona injertada se introduce en tierra puede producir nuevas raíces. Este hecho recibe el nombre de franqueamiento.

PUEDE TENER VARIAS CONSECUENCIAS

- Debilitamiento o fortalecimiento de la planta.
- Aprovecha mejor o peor las reservas.

- Ante la duda es mejor evitar el enraizamiento.
- Para ello el injerto estará a nivel de superficie.

EL NACIMIENTO DE 'HIJOS' DESDE LA RAÍZ

A partir de la raíz nacen nuevos brotes. Algunos cerezos lo desarrollan. No es aconsejable la plantación de cerezos que provengan de la raíz.

TRONCO
- Es el aparato circulatorio.
- Transporta a las hojas los elementos nutritivos en el agua (savia bruta) que entran por las raíces finas.
- Transporta y alimenta a las hojas, floresfrutos, raíz la savia elaborada para su crecimiento y reserva.

RAMAS
- Hay yemas de madera y floración.

HOJAS
- Es el laboratorio donde se efectúa la transformación de la savia bruta absorbida por la raíz en savia elaborada.
- Asegura la circulación de la savia bruta y elaborada.
- Permite almacenar durante un tiempo sustancias.
- La reducción foliar brusca afecta a la vida del cerezo.

LA CAÍDA DE LAS HOJAS PUEDE SER
- Natural, ha terminado su ciclo.
- Por enfermedad, es atacada por parásitos.
- Carencia de nutrientes.

FLORES

- Los botones de la flor se encuentran en las ramas con fuerza y en posición axilar.
- Los botones son pluriflorales. Los botones florales se pueden distinguir en otoño. Se hacen más visibles con la caída de las hojas.
- Las yemas florales están formadas por una serie de pliegues dispuestos en espiral.
- La yema floral es mayor que la yema de madera.
- La yema floral evoluciona a:
  - Sépalos
  - Pétalos
  - Estambres
  - Pistilo
- La luz tanto desde la vertiente de intensidad como del tiempo de duración, ejerce una acción importante sobre la floración.
- Las zonas sombrías son un obstáculo para la floración
- La relación de carbono y nitrógeno influye. Estación está en el orden 15 partes de carbono y 20 de nitrógeno.

VIVERO

Es un terreno destinado a producir patrones para posteriormente ser injertados de las distintas variedades de cerezo y al segundo año de injerto ser trasplantado a la finca donde se quiere hacer la plantación definitiva.

El vivero suministra la planta para repoblar la finca. Algunas de las características son:

- Suelo fértil con buen drenaje.
- Que abunde el agua de riego.
- Clima similar al lugar donde va a ser plantado.

FORMAS DE OBTENER EL PATRÓN
- Mediante semillas.
- Mediante plantas recogidas en el monte.

Estudio para obtener el patrón mediante semillas. Elegir bien la semilla requiere:

- Utilizar semillas selectas.
- Que estén exentas de impurezas.
- Que pertenezca a la especie y variedad deseada.
- Que tenga el certificado oficial.

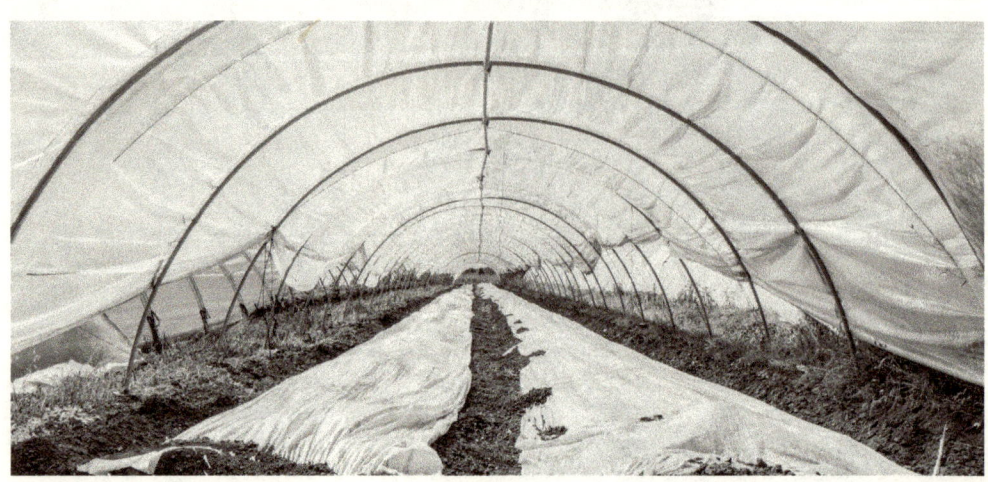

CUADRO DE UN VIVERO BASADO EN SEMILLAS DE MARAEL O DE CEREZO PRONUS AVIUM			
AÑO	MESES DE SIEMBRA	MES INJERTO	DONDE ESTÁ LA PLANTA
1º	☞ Enero- marzo.		☞ Semillero.
2º	☞ Trasplante diciembre - enero.	☞ Injerto yema en agosto.	☞ Trasplante a vivero.
3º	☞ Crecimiento desarrollo.		☞ Vivero.
4º	☞ Crecimiento desarrollo.		☞ Trasplante a la nueva finca.
Modelo: un año en el semillero y dos en vivero			

Las semillas se han puesto directamente en surcos a una distancia de 40 centímetros o en macetas individuales que se introducen en tierra. Es conveniente que la tierra tenga un porcentaje de materia orgánica y que este preparada.

¿CÓMO RECOGER LA SEMILLA?

Se puede recoger del marael silvestre o cultivado y del cerezo *Pronus Avium* o *Pronus Cerassus*. El orden de prioridad para lograr un mejor cerezo es:

1º Semilla de marael.
2º *Pronus Avium*.
3º *Pronus Cerassus*.

La semilla de marael tiene las ventajas de que es un árbol totalmente silvestre. Resiste mejor las enfermedades. Se adapta bien al terreno. Podemos decir que no muere. Se secan las ramas y sigue brotando. El cerezo ha terminado su ciclo y sigue teniendo fuerza para vivir.

El injerto sobre patrón marael es la mejor opción.

Las semillas se recogen en verano (julio – agosto), cuando esté el fruto maduro.

Una vez recogido se lava para separar lo que envuelve a la semilla y dejar la pita bien limpia. Posteriormente se deja secar. En los meses de invierno se introduce unos 10 centímetros en tierra. En la primavera siguiente brotará los nuevos cerezos silvestres o los maraeles.

MEDIANTE PLANTAS COGIDAS EN EL MONTE O FINCAS
Las plantas serán maraeles o cerezos silvestres. Durante el invierno se arrancan aquellas plantas que sean pequeñas. Es aconsejable que tengan aproximadamente un grosor de 1 - 2 centímetros de diámetro. Los mejores trasplantes son los delgados. Una vez arrancado se lleva al vivero o directamente a la finca donde se quiere hacer la plantación definitiva.

INJERTO

Los agricultores recurren al injerto por varias buenas razones, entre las cuales se encuentran las siguientes:

- Desarrollar una nueva variedad.
- Mejorar la calidad de la fruta.
- Actualizar nuevas variedades.
- Adaptar una especie a las condiciones concretas de temperatura, suelo, etc.
- Difundir la variedad que más aceptación tiene en el mercado.
- Garantizar escalonadamente en el tiempo la producción.
- Introducir polinizadores en las plantaciones. EJEMPLO: *Son buenos polinizadores la manzana reineta, golden, verde doncella, starking, pera conferencia, limonera, etc.*

ALGUNAS DEFINICIONES

- Es la asociación entre dos plantas diferentes para dar lugar a una sola.
- Es una "soldadura" con vida. Las nuevas células producen nuevos tejidos. Para que se produzca la "soldadura" es necesario que sean compatibles patrón e injerto. La nueva "soldadura" produce influencias sobre: la vida del árbol, la cantidad de producción, entrada a producir, la transformación de las materias nutritivas, calidad de los frutos, adaptación a terrenos.
- Es una técnica que consiste en unir partes de piel con yema de dos árboles distintos para que suelde adecuadamente pasando la savia del árbol patrón al árbol hijo. El nuevo árbol es hijo con su producción, características y desarrollo perenne.
- Es la combinación de dos miembros que se aceptan para crecer juntos. Son el patrón y la púa de injerto.
- La unión de los miembros representa que el patrón mantiene sus raíces y el nuevo miembro forma la copa del árbol para producir nuevo fruto.

EN LA ACTUALIDAD PODEMOS HABLAR DE DIFERENTES PATRONES

- Patrones enanos.
- Patrones de crecimiento fuerte (más raíz, más copa y hay que espera más tiempo para recoger cosecha).

CARACTERÍSTICAS DE LOS PATRONES ENANOS O DÉBILES

- Las raíces permanecen pequeñas.
- Se frena el crecimiento de la copa mediante poda permanente.

- Produce al 2° o tercer año.
- Necesita que tenga un eje central.
- Se dirige en forma de espaldera.
- Las ramas se sitúan horizontalmente.
- Deben eliminarse las ramas fructíferas de más de cuatro años.

Patrón joven y patrón sano son dos condiciones necesarias para el éxito del injerto.

Para asegurar el injerto es necesario que las dos plantas asociadas tengan analogías de tipo fisiológico y anatómico. Esto se cumple cuando los vegetales pertenecen a la misma especie, aunque sea de distinta variedad. Entonces ocurre que:

- La savia no tiene dificultades para pasar del patrón al injerto.
- Los principios que elaboran las hojas del injerto alimentan también al patrón.
- Los materiales absorbidos por las raíces del patrón son utilizados por las hojas del injerto para elaborar los principios orgánicos.

HAY QUE TENER EN CUENTA QUE

- Las variedades de crecimiento sean apropiadas al patrón.
- Las variedades de crecimiento débil tienen que injertarse sobre patrones de crecimiento fuerte para que rápidamente las ramas nuevas tengan fuerza.
- No deben injertarse patrones débiles con variedades de crecimiento débil.
- El patrón más avanzado que la guía o yema.

Al comienzo del verano en el árbol injertado se dan cita los brotes del patrón y el brote injertado. Es conveniente que los brotes del patrón se reduzcan torciéndole o doblándolos para que la nueva guía injertada reciba toda la luz y toda la fuerza.

No deben cortarse los brotes del patrón, pues produce daños en la corteza del árbol.

CONSIDERACIONES AL INJERTAR

- Que halla afinidad entre la variedad y el patrón. EJEMPLO: *marael patrón más cerezo.*
- Realizar cortes limpios.
- Respetar la polaridad cuando se coloque la yema o estaquilla.
- El patrón o planta madre ha de estar sana.
- Las yemas o guías que se introduzcan han de ser las más jóvenes.
- Las yemas recogidas o guías si se cogen con antelación hay que guardarlas en humedad. EJEMPLOS: *En arena húmeda. En una patata.*
- El patrón tendrá que estar más adelantado que la guía que se introduce. De esta forma garantizamos que el patrón puede alimentar a la guía.
- Evitar la entrada de aire.
- Tienen que estar libres de enfermedades.
- Pertenecer al último brote y que la rama esté bien iluminada.
- Las yemas tienen que estar con mucho vigor.

TIPOS DE INJERTO

Existen muchos tipos de injerto: a yema, canutillo, estaquilla, etc. Presentaré a yema y estaquilla.

A YEMA

- Se realizará en verano, mediados de agosto a septiembre.
- Es conveniente previamente haber regado durante varios días al patrón para que tenga abundante savia. Una prueba de que tiene abundante savia es que al hacer el corte, desprenda agua y la piel se despegue con toda facilidad.
- Es una yema con una porción de corteza y un poco de madera en el centro.

MODO DE HACERLO

Se realiza un corte en forma de T en la corteza del patrón con una longitud de 2 centímetros.

A continuación se abren los lados de la T. Se introduce la yema y que queden unidas las dos pieles (patrón – yema) en la parte superior de la T.

A continuación se recubre la herida con un aislante, por ejemplo, con tiras de plástico, dejando el brote de la yema al descubierto.

A ESTAQUILLA O PÚA

- Se realiza en primavera (mes de marzo).
- La guía que se introduce tiene varias yemas y una longitud aproximada de 15 centímetros. A la guía se la quita una capa de piel y madera por los dos laterales, dejando en la parte central madera y piel. El corte de esta dos capas tendrá una longitud aproximada de 2 centímetros. Se hará en forma de cuña.
- Es aconsejable que el patrón esté en condición vegetativa más avanzado que la guía que se introduce, para que la savia llegue con fuerza a la guía.
- La planta más adecuada de patrón es de 2 a 4 centímetros de diámetro.

MODO DE HACERLO

- Al patrón se le hace un corte en horizontal a la distancia que consideremos del suelo. Si queremos coger las cerezas desde el suelo, una distancia adecuada puede ser a 50 centímetros.
- Sobre el corte realizado se hace otro corte perpendicular por la mitad (corte diámetro).
- Una vez hecho el corte, se abre con una cuña y se introduce la guía. Se tendrá cuidado que la piel de la guía enlace bien con la piel del patrón.

- A continuación se tapa el corte realizado con pintura aislante o material plástico aislante.

HERRAMIENTAS
- Sierra, navaja, cúter, cuña, pegamento y aislante.

PLANTACIÓN Y CULTIVO

Hay que hacerlo sobre un terreno que previamente se considere que:

- Es el más adecuado para el cerezo. Un criterio puede ser "los terrenos pedregosos son aptos porque son ricos en fosfatos" y tenga un pH entre 6 y 7.
- Está previamente preparado. Se elimine las malas hierbas y se evite la erosión.
- Que el suelo esté oxiginado.

Algunos principios para garantizar el éxito de la plantación:

- Elegir plantas sanas, especie más adecuada.
- El método de plantación acorde con la climatología y el terreno.
- Es conveniente hacer un análisis del terreno y tener en cuenta la historia frutera de la zona.
- La adecuada densidad de plantación.
- El vivero que mejores planta tenga y esté situado en una climatología similar.
- Se hará durante el periodo de reposo (noviembre a febrero).
- No debe hacer con el suelo helado o muy húmedo.
- Habrá que observar las raíces de la planta. Aquellas que estén algo resecas habrá que cortarlas. Es conveniente que trascurra poco tiempo desde que se saca del vivero y el tiempo de plantación definitiva. En todo caso es conveniente que las raíces no estén al aire. Para ello una vez sacadas del vivero se cubren las raíces con tierra y aislantes.
- Antes de plantarlo se remojan las raíces y aquellas que son dañadas se cortan un pequeño trozo.
- En la selección de la planta hay que considerar si queremos un patrón enano o un patrón normal.
- Cuando en la zona haya corzos... es aconsejable que se pongan entorno al cerezo varias estacas para evitar que se arrasque y dañe al nuevo plantón.

- La duración de la plantación está condicionada por la variedad. EJEMPLOS: *el melocotón es de vida corta, el peral de vida larga y el cerezo vida intermedia.*
- Cultivar bien la tierra y el cerezo es aplicar las labores adecuadas al terreno y al frutal para conseguir una producción óptima.
- La distancia puede ser 5 x 4 ó 5 x 6.
- La apertura de los hoyos puede ser mecánica o manual.

FASES EN LA PLANTACIÓN
- Época del año de octubre a marzo. Época de reposo.
- Hacer un hoyo de 50 x 50 y en una profundidad de 40 centímetros.
- Dejar solear durante varios días.
- Echar tierra soleada y aireada de la superficie en el fondo.
- Colocar la planta en posición vertical, procurando que el injerto quede unos 9 centímetros por encima de la tierra.
- Rellenar el agujero de tierra. Pisarla alrededor de la planta para evitar que queden bolsas de aire y lograr que las raíces estén bien cubiertas de tierra.
- Regar durante varios días de acuerdo con el clima.

PARA MANTENER CUIDADO EL SUELO TENEMOS VARIAS TÉCNICAS
- Mecánicas mediante tractores que utilizan herramientas adecuadas para moverla (oxiginarla), introducir abonos y eliminar las malas hierbas.
- Uso de insecticidas para matar las malas hierbas.

Cada una tiene sus ventajas y sus inconvenientes. Un uso racional de ambas puede contribuir a tener un suelo acorde con las necesidades del cerezo y del medio ambiente.

USO DE HERBICIDAS
- Es un producto utilizado para eliminar aquellas hierbas no deseables.
- El buen herbicida es aquel que deja crecer algunas hierbas y elimina otras.
- Al echar el herbicida habrá que cambiar de producto para evitar la resistencia de las plantas y aplicar la dosis correcta.
- Con una sola dosis por temporada (mes de abril o primero de mayo), contribuimos a ahorrar el número de labores y aumentamos el contenido de abono verde. Uno de los inconvenientes es que pueda acumularse en el terreno y disminuya el cloruro férrico.
- Una buena opción es hacer un tratamiento de herbicida por temporada y más adelante cortar la hierba para aumentar el abono verde.

EL USO DE LABORES MECÁNICAS

PODEMOS OPTAR ENTRE
a) Hacer uso de tractor para removerla.
b) Cortar el césped formado.

La opción a) tiene la ventaja de tapar el abono, la materia orgánica. El inconveniente de que podemos dañar las raíces del árbol y de que el suelo elabora menor cantidad de abono verde.

La opción b) tiene la ventaja de que se elabora más abono verde y mantiene mejor la humedad. La desventaja de que la hierba se alimenta de las reservas del suelo y del abono echado.

Es conveniente hacer varios cortes por temporada para evitar que la hierba consuma demasiado abono del suelo.

El corte se deberá hacer a varios centímetros del suelo para ayudar a mantener la humedad.

PODA

El cerezo es un árbol considerado fundamentalmente para producir cerezas. La dimensión de producción de madera adquiere poco protagonismo. No porque tenga pocas cualidades la madera, sino porque como productor de madera resulta muy lento su desarrollo.

El cerezo por naturaleza tiende a crecer hacia arriba. Uno de los factores que influyen en la producción es la poda. Como todo ser vivo el cerezo pasa por una etapa infantil (formarle), juvenil (que empiece a producir), adulta (producción) y vejez (quitar copa, lo viejo, para que el poco fruto sea bueno).

La poda es una operación que es necesario someter a muchos vegetales: árboles de sombra, de flor, rosales, etc. Es conveniente hacerlo para lograr una dimensión más estética, optimizar la producción, etc.

La poda consiste en formar la planta y para ello se marcan los siguientes objetivos:

- Conseguir una copa bien formada.
- Eliminar las ramas más débiles.
- Conseguir una buena regeneración.
- Eliminar las ramas muertas.
- Eliminar las ramas con enfermedades.
- Lograr que se penetre fácil en él.
- Eliminar las ramas que estorban.
- Obtener mejores flores y frutos.
- Facilitar la recogida de la fruta.
- Tener un árbol equilibrado.
- Producir las ramas bajeras y evitar las de difícil recolección.
- Evitar cortes horizontales muy lejos de la yema o muy cercano.
- Posibilitar el trabajo mecánico mediante tractores.
- Dirigirlo en sentido vertical u horizontal.
- Conseguir que las ramas vayan a fruto.
- Sanear el árbol.
- Eliminar los chupones.
- Cortar y frenar aquellas ramas con exceso crecimiento.
- Conseguir un árbol bien formado.
- Rejuvenecerle.
- Favorecer la entrada de la luz solar.

EL LISTADO DE HERRAMIENTA ES EL SIGUIENTE

Pueden ser de tipo manual o mecánico. En lo mecánico tenemos los tractores que aplican la bomba de presión para facilitar el corte y la recogida de las ramas cortadas.

- Tijeras de poda manual.
- Tijeras de poda telescópica.
- Serrucho de arco.
- Escalera tipo tijera.

PODEMOS DISTINGUIR

- *Poda de formación* tiene lugar durante los primeros años. Hay que organizar el esqueleto del árbol. El periodo de formación se parte de un esqueleto con tres brazos. Abiertos a 40° respecto del tronco. La forma geométrica responde a un cono. Este periodo dura varios años (de 0 a 5).
- *Poda de producción* para lograr más producción.
- *Poda de mantenimiento* para armonizar el fruto y la vida del cerezo.
- *Poda para rejuvenecer* para estimular nuevos brotes.

LA PODA POR AÑOS EN NUEVA PLANTACIÓN

- *Primer año*. La única rama grande que tiene se corta a 60 centímetros del suelo para que ramifique. En el invierno siguiente se eligen tres ramas para que forme el esqueleto y que sean equidistantes.
- *Segundo año*. Se elimina los chupones y se cortan las guías para que abran hacia fuera. Esas guías se rebajarán para mantener el equilibrio. Se eliminan las ramas verticales.
- *Tercer y cuarto año*. Se sigue haciendo el proceso anterior hasta poder observar tres o cuatro pisos en la copa.

Algunas reglas generales para árboles que tienen varios años:

- Observar el árbol. Tipo de copa, tipos de rama, salud, orientación, ramas principales, laterales.
- Localizar el centro y las tres ramas principales.
- Empezar a cortar las principales y seguidamente las laterales.
- Ordenar los diferentes pisos y la forma para moverse por dentro.
- Tener en cuenta que penetre la luminosidad.
- Piense que el árbol es para obtener el mejor fruto y la recogida se pueda hacer con facilidad, bien desde el suelo, con escalera o desde dentro de él.
- Si las heridas han sido grandes es aconsejable taparlas con pintura de injertar.

Para llevar a cabo estas actividades podemos hablar de dos tipos de poda:

- La natural que es la que se realiza en todas las estaciones del año, en la que interviene la climatología.
- La que realiza la persona con el fin de obtener los resultados programados.

¿CUÁNDO ES CONVENIENTE REALIZARLA?

- Al final de la recogida del fruto que coincide con el mes de agosto. Tiene la ventaja que podemos observar mejor las ramas más débiles.

• En invierno cuando el cerezo no tiene hojas y coincide con el reposo vegetativo. Lo normal es podarle en esta época.

ALGUNAS CONSIDERACIONES
• Al eliminar las ramas se eliminan las reservas acumuladas.
• La savia bruta se dirige hacia la parte alta de la copa y a los extremos de las ramas verticales.
• Para evitar daños mayores la poda se realizará sobre ramas delgadas para que la superficie sea pequeña y cierre lo más pronto posible.
• Cuando las heridas no cierran bien se convierte en refugio de hongos, insectos donde anidan y desarrollan enfermedades.
• En los cortes de poda hay que evitar los tocones.
• A mayor número de yemas menos vigoroso serán sus brotes.
• La rama conviene que termine en un brote con fuerza.
• El volumen de los frutos depende del número de brotes y de la savia que circula. A mayor fruto menor número de brotes.
• La savia elaborada se distribuye en las ramas horizontales.
• Son las ramas horizontales las que tienen mayor floración y mayor número de frutos.
• La savia bruta va de abajo arriba por el corazón.
• Las yemas terminales se desarrollan antes que las demás.
• La savia elaborada de arriba abajo por la corteza.
• Si queremos que las ramas vayan a fruto hay que inclinarlas.
• En las ramas oblicuas la savia se reparte.
• En las ramas verticales la savia se acelera a costa de la base.
• La savia circula más lenta en las ramas horizontales o inclinadas.
• En las ramas horizontales la máxima fuerza se encuentra en la parte superior.
• En las ramas de arco la fuerza se la lleva las ramas de máximo arco.

FORMACIÓN DE LA COPA
• La distancia del suelo vendrá determinado por el tipo de maquinaria que usemos para cultivar, fumigar o abonar.
• El árbol de tronco bajo favorece la pronta producción y la facilidad para recogerla.
• Una distancia aconsejable es que las ramas que forman la copa partan de una altura de 80 centímetros del suelo.
• Cuanto mayor alta sea la copa, mayor debe ser la distancia entre árbol y árbol.
• Hay que considerar si la copa es circular o en plan vertical al suelo. Con relación al cerezo se considera más adecuado circular, aunque los costes sean mayores.

EN CUANTO AL CORTE E INCLINACIÓN
• El corte de la rama debe ser en forma plana, limpio e inclinado para que se deslice bien el agua y evitar que se retenga.

- Cuando el corte sea grande podrá cubrirse con betunes o pintura aislante.
- Si el corte ha quedado demasiado cerca de la yema, la yema estará mal nutrida y tenemos posibilidades de que se seque.
- Si el corte ha quedado demasiado lejos de la yema el trozo de rama sobrante se secará, atrofiará y favorecerá enfermedades.
- Si la inclinación es demasiada la cicatrización será más lenta y se perderá parte del desarrollo.
- Lo correcto es que la inclinación del corte sea un poco inclinada hacia adentro y a dos centímetros de la yema.
- Cuando el corte tiene bastante extensión, es adecuado tapar la herida con productos aislantes. EJEMPLO: *con Arbokol*.

ENFERMEDADES Y TRATAMIENTOS

El cerezo como ser vivo también está expuesto a las enfermedades. La experiencia nos demuestra que donde hay concentración de vida animal o vegetal el desarrollo y contagio de epidemias es permanente.

Durante muchos siglos el árbol frutal ha pasado desapercibido. Se aceptaba la cosecha fuera poca o mucha. El equilibrio biológico entre el árbol se hacía por selección natural, desaparecía la variedad más débil y se mantenía la más resistente.

El valor agrícola lo marcaba los cereales para el consumo de las personas y los animales. El frutal pasaba a un segundo plano. A partir del siglo XX el frutal adquiere protagonismo en la alimentación pasándose a investigar más y más. El consumo aumenta más y las dietas alimenticias equilibradas presentan la necesidad de comer fruta por su riqueza de vitaminas.

La extensión de la producción y del consumo ha fomentado el desarrollo de mayores extensiones dedicadas al cultivo del cerezo. Es verdad que sigue siendo uno de los frutales que menor extensión ocupa. Las zonas históricas siguen permaneciendo y en algunas se han hecho plantaciones con nuevas variedades.

Este desarrollo intensivo y concentrado favorece el desarrollo de nuevas enfermedades. La protección sanitaria de las plantaciones se hace necesario.

MEDIDAS DE HIGIENE GENERAL

TRATAMIENTOS SEGÚN LA ÉPOCA DEL AÑO
- Invierno.
- Primavera.
- Después de la floración.
- Verano.

SEGÚN EL TIPO DE TRATAMIENTO
- Mecánico (poda).

- Químico.
- Biológico.

OBJETIVOS DEL TRATAMIENTO DE INVIERNO
- Destrucción de huevos, larvas... situados en la corteza.
- Tiene que abarcar todos los lugares, tronco, corteza, ramas viejas y nuevas, rugosidades...La madera joven es la que lleva menos huevos.

Junto a estos tratamientos tenemos las medidas de higiene general que siendo sencillas colaboran al buen estado. Citemos, por ejemplo, durante:

- La poda. Destruir las ramas con enfermedades.
- Quitar aquellos frutos que se resecan en el árbol.

- Los frutos estropearlos enterrarlos.
- Las hojas muertas también enterrarlas.

En la consecución de los tratamientos hay que recordar que cada enemigo tiene un periodo y hay que tratarlo con el producto adecuado.

Con un pulverizador podemos dar los diferentes tratamientos. El tamaño y uso mecánico vendrá determinado por el tipo de explotación (grande, pequeña, mediana).

LOS TENEMOS
- Manuales desde 5 a 16 litros tipo mochila con mando manual o con batería.
- Mecánicos movidos por tractos de 50 - 100 – 200 litros.

PATOLOGÍAS DE LOS FRUTALES
Al estudiar las enfermedades y plagas podemos clasificarlas en:
- Enfermedades causadas por los insectos.
- Enfermedades producidas por hongos parásitos.

El ataque de hongos, insectos van provocando pérdidas en el árbol y en el fruto. El control de las plagas es una lucha integrada con los siguientes objetivos:

- Eliminar las ramas enfermas.
- Utilizar insecticidas que no ataquen al árbol.
- Favorecer aquellos animales no dañinos que reducen las plagas.

Tenemos insectos de diferentes tipos que chupan, perforan, minan y defolian.

DOS SON LAS GRANDES ENFERMEDADES
- Parásitos.
- No parásitos.

LOS PARÁSITOS
Son aquellos organismos que afectan a la planta en su conjunto. Dentro de este apartado podemos clasificarles en los siguientes apartados:
- Insectos. EJEMPLO: *El pulgón que ataca al cerezo, manzano, etc.*
- Hongos. EJEMPLO: *El hongo parado que la pudre.*
- Microplasma. Enfermedad que produce la microplosmosis.
- Virus que produce virosis.

LOS PARÁSITOS (ÁCAROS E INSECTOS)
- Destruyen la fruta.
- Destruyen la madera.
- Destruyen los órganos verdes.

LOS NO PARÁSITOS
Son los producidos por la atmósfera o el suelo.
- El exceso de niebla que unido a la falta de luz favorece la aparición de enfermedades.
- Falta de luz provoca hojas pequeñas y tallos altos.
- Exceso de lluvia favorece la propagación de enfermedades.
- Gomosis (resina). Es una enfermedad de tipo degenerativo de las células de la corteza en el que el almidón se transforma en mucílago. Produce debilitamiento en las hojas llegándose a secar la rama. Para curar se puede quitar. Las causas pueden ser varias: reacción del árbol a circunstancias desfavorables de actuación de la bacteria gummis.
- Sarna. Son grietas sobre la corteza de ramas o troncos, generando un aspecto escamoso. El origen puede ser la falta de cal, exceso de humedad.

TRATAMIENTO A LAS ENFERMEDADES PARÁSITAS

En el mercado hay diferentes productos para combatirlas. Cada fruticultor elegirá aquellos que mejor respondan en su zona. Los que aparecen en el cuadro son los que responden bien a la zona que estamos hablando.

En cuanto al número de dosis, se ha intentado las imprescindibles para que afecte lo menos posible al medio ambiente.

ESTACIÓN	PRODUCTO	COMBATE
☞ Otoño - Invierno (2 tratamientos). ☞ Primavera - Verano (5 tratamientos, distanciados a 21 días).	☞ **Cobre mezclado con aceite.** Uno principio del otoño y otro a mitad del invierno. ☞ **Insecticida+fungicida.** Antes de la floración. Marzo-abril (1 tratamiento). ☞ **Insecticida+fungicida.** Después de la floración abril - mayo (junio, 3 tratamientos).	☞ Moteado. ☞ Monilia. ☞ Enfermedades de bacterias, etc. ☞ Moteado. ☞ Pulgón. ☞ Etc. ☞ Moteado. ☞ Pulgón. ☞ Cribado. ☞ Etc.

Se aplicarán por pulverización foliar. La fumigación puede llevarse a cabo con cisternas al hombro, por acción de los brazos o por batería. También puede hacerse mediante tractor.

CARACTERÍSTICAS DE LOS FUNGUICIDAS
Los más adecuados son los de un amplio espectro de acción con propiedades preventivas, causativas y erradicantes.
- Que penetren en el interior de las plantas tras su aplicación.
- Que no planteen toxicidad en las hojas y frutos.
- Que no resulte nocivo para las abejas, insectos y ácaros beneficiosos.
- Que sea compatible con otros productos.
- Que se logre unos frutales que se desarrollan más y estén más sanos.
- Preparar al árbol para que una cosecha más numerosa y de más calidad.
- Protegerles de los enemigos de los árboles.

ALGUNAS RECOMENDACIONES DURANTE EL TRATAMIENTO
- No hacerlo en días con viento.
- Hacer una aplicación uniforme.
- No darlo si hay agua en el árbol. Esperar a que las hojas estén libre de agua.
- No tratar cuando se espere lluvia para evitar su lavado y pérdida de eficacia.

- Evitar el contacto con ojos, lavar las manos y la piel expuesta durante el proceso.
- Una vez terminada la aplicación, lavar a fondo el equipo.

El autor José María Alonso Alonso de Linaje y su esposa Ana Romo de Miguel, una educadora y editora, en su finca en Burgos (España). El matrimonio cultiva la finca con cerezos, manzanas, vegetales y verduras, hierbas, flores y otras plantas. La finca, que ha estado con la familia durante generaciones, también alberga diferentes especies de aves.

Josemari con sus hermanos Lola y Alberto, un aficionado a la fotografía de la naturaleza.

Otoño en la finca.

Josemari y Ana acogen a Johanna María Würtz (centro), con la edición española de *Cereza sabor y color del verano* en las manos, en su finca. Johanna, de Alemania y una estudiante Universitaria Ciencias de la Agricultura, ha venido a España a la Yeguada la Perla Segovia para hacer un curso de tres meses de prácticas que terminó el verano de 2020. A los pocos dias de llegar estuvo confinada haciendo las prácticas que tenia programadas hasta que se abrió y pudo ponerse en marcha con su poni, "El hechizo de la vida campesina", para hacer la vuelta pisando terreno y acompañada de su poni.

Johanna acompañada por Ana, Raquel (amiga de Ana), Gero y Lola (hermanas de Ana).

Estar cerca de la naturaleza y disfrutar de la compañía de amigos hacen que la vida diaria en la finca sea una experiencia gratificante.

Fotos ©2020 por José María Alonso Alonso de Linaje y Ana Romo de Miguel

RIEGO

El cerezo es un frutal que le basta con el riego que le proporciona la naturaleza. Si optamos por regarle hay que tener en cuenta las siguientes características:

- El tipo de clima.
- El tipo de terreno.
- La frecuencia de los riegos.
- El sistema de riego utilizado.

El riego del cerezo es necesario hacerlo en climas cuya pluviometría sea menor de 500 mm. Al año o con lluvias mal repartidas y suelos arenosos. En estos casos el riego es una ayuda para su desarrollo. El cerezo es uno de los frutales que excepto en los primeros no necesita de él. Su madurez antes del verano hace que cuando llegan las altas temperaturas su fruto está maduro.

Entre los diferentes tipos de riego tenemos por goteo, por aspersión, por surcos. El mejor que se adapta al cerezo es el de goteo. Este tipo mantiene una humedad constante, se distribuye uniformemente en la zona próxima a la planta, se adapta muy bien a la topografía y se aprovecha mejor el agua.

Como orientación unos 20 litros por cerezo a la semana, dependiendo de la climatología.

FLORACIÓN, POLINIZACIÓN Y FRUTO

La época de floración es una característica de cada variedad y de la zona climática. Dependiendo de la zona y de la variedad podemos hablar de diferentes épocas. En unos casos puede ser cuestión de día, en otros de semanas y hasta de meses.

La floración del cerezo en esta zona la situamos en el mes de abril. La duración se calcula entre 10 o 20 días, alcanzando su plenitud cuando están abiertos entre el 45 y el 85% de las flores.

Obtener fruto, va ligado al número de flores y a una buena polinización. Si no hay flor no hay fruto.

La aparición de la flor se inicia con la apertura de la yema. En él influyen una serie de factores.

- *Polinización adecuada.* EJEMPLO: *El número de abejas y el número de variedades de otros frutales.*
- *Nutrientes adecuados.* Abonos como potasio, nitrógeno, fósforo influyen en el número de yemas.
- *La temperatura.* Por debajo de 0° es peligrosa.
- *Las lluvias persistentes* limitan el vuelo de insectos y como consecuencia la polinización.

Si los factores señalados son correctos la fecundación da paso al fruto. La fecundación incorrecta puede venir determinada **por defecto o exceso de los factores siguientes:** tipo alimenticio, temperatura, humedad, luminosidad.

En síntesis todo fruto, toda cereza, es una nueva vida natural que para que un día pueda comerse, antes ha tenido lugar el proceso de: formación del polen, polinización, germinación...

Todos estos pasos se lleva a cabo dentro de un ambiente climático, en una época del año, con unos componentes vivos y

minerales que hacen posible la nueva vida para que más tarde pueda ser disfrutada.

POLINIZACIÓN

Llamamos polinización a la transformación del polen desde los elementos masculinos de la flor, llamado antena a los órganos femeninos llamados estigma.

Antena → estigma

El resultado lo llamamos fertilización o posible producción del fruto.

¿QUIÉN LO LLEVA A CABO?
- Insectos.
- Abejas.
- Viento.
- A veces, a mano. EJEMPLO: *Agitando las ramas del cerezo en flor se ayuda a dispersar el polen.*

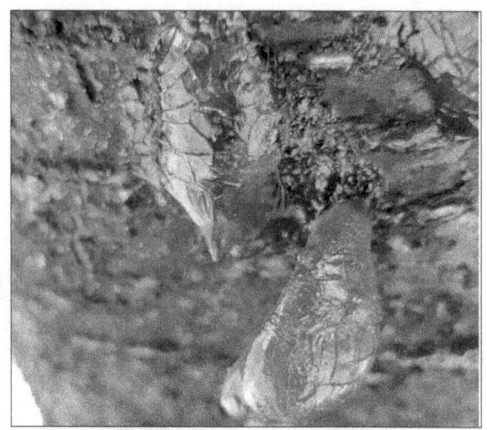

Los cerezos con cerezas dulces son más incompatibles o auto estériles que los cerezos con cerezas ácidas. Algunos cerezos con autocompatibles y pueden polinizar a las dulces. En cambio, los dulces no polinizan a los ácidos. Dentro de los cerezos también hay variedades más polinizadoras.

Fue en U.S.A. a finales del siglo XIX cuando se descubrió las características de la autoesterilidad. El deseo de cultivar en una gran extensión un solo tipo de plantación le llevó a resultados catastróficos, tenían floración pero no fruto.

Este desastre económico les motivó a investigar en el campo de la fecundación. Descubren árboles que son auto estériles, auto fértiles y ven las ventajas de la fecundación cruzada. En este proceso de investigación se van acuñando nuevos conceptos como auto fértiles, auto estériles, sacándose algunas conclusiones:

- Incompatiblidad para la fecundación.
- Se establecen grupos de variedades auto estériles, auto fértiles e incompatibles.
- Relación entre fecundación y cosecha.
- Ventajas de la fecundación cruzada para la producción. EJEMPLOS: *Cerezo con fecundación libre se logra un porcentaje a frutos del 10%. Con fecundación cruzada el porcentaje a frutos pasa a 25%.*

EN LA FECUNDACIÓN TAMBIÉN INFLUYEN
- *Viento* es un valor limitado.
- *Insectos polinizadores, sobre todo las abejas*, son los mejores agentes polinizadores para la polinización cruzada. Aconsejable que haya de 1 a dos colmenas por hectárea. La máxima actividad de las abejas se alcanza

a la temperatura de 20°. Por debajo de los 17° se reduce o anula. En cuanto a la distancia, el campo de acción se sitúa entre 0 y 3 kilómetros.
- La poda adecuada favorece la polinización.

Con relación al cerezo hay que hacer las siguientes observaciones:

- El cerezo forma parte del grupo de auto estériles, aunque también les haya auto fértiles. Para que haya una buena polinización en conveniente que existan variedades próximas.
- Que florezcan al mismo tiempo para producir polen de buena calidad y abundante. Casi todas las variedades son consideradas como auto fértiles.
- Es aconsejable la polinización cruzada (sobre todo abejas).
- Son las abejas, los insectos y las avispas los que cumplen la polinización cruzada.
- La acción polinizante de los insectos es menor que la del viento porque alcanza unos menos kilómetros.

FRUTO

Terminado el proceso de polinización y de fecundación se inicia el proceso de desarrollo del fruto. En el caso de los cerezos se necesitan entre 60 y 70 días para que alcance su madurez.

El agua es el componente más importante del fruto. Se considera que más de la mitad de su peso es de agua (entre el 55 y el 90%). De ahí que el árbol necesita encontrar agua en el suelo. Si tiene carencia de agua el fruto se ve alterado: menor tamaño, se arruga, se deshidrata.

Otro componente **importante es el nitrógeno,** sobre todo en la primera fase. Durante la etapa de desarrollo del fruto podemos observar que se caen frutos. Estas caídas pueden ser accidentales o referidas al mismo proceso:

- Exceso de floración. Hay muchas flores sin fecundar o frutos mal hechos que origina la caída. Se puede llegar a caer más de la mitad.
- Frutos débiles que caen durante el primer mes.
- Ataque de parásitos.

En los dos primeros casos puede ser una garantía para tener un mejor fruto. Tenemos que considerar que más de la mitad de las flores caen, bien cuando es fecundada o sin llegar a serlo.

En el proceso de formación del fruto puede considerarse cuatro apartados:

- Inicio.
- Máximo desarrollo. Gran aumento de peso y tamaño.
- Maduración. Aumenta poco de tamaño, pero alcanza su sabor característico.
- Envejecimiento. Se marchita, se deshidrata.

El proceso de maduración del fruto sufre una serie de etapas:

- La vitamina C aumenta durante la maduración.
- La pigmentación de los antocianos responsable del color rojo en la cereza aumenta con la luz, la temperatura y el oxígeno.

ALGUNOS CONSEJOS PARA UNA BUENA RECOLECCIÓN
1. Ni muy pronto ni muy tarde.
2. Recoger sin hojas y con rabo.
3. Tirar en forma inclinada desde el rabo.
4. Cuando se hayan cogido ponerlas a la sombra.
5. No recogerla mojada. Espera a que esté seca.
6. Evitar que los recipientes, cajas, cestas dañen a la fruta.

PERÍODO ALTERNANCIA DE COSECHA
En el frutal y entre ellos el cerezo, nos podemos encontrar con que hay árboles que alternan las cosechas.

El árbol trae frutos un año sí y otro no. Es lo que llamamos la **vecería** o el **descanso del árbol** o la **alternancia**.

CAUSAS QUE INFLUYEN EN LA ALTERNANCIA
- Faltan reservas minerales en el suelo y en las raíces de hidratos de carbono.
- Crece demasiado lo vegetativo.
- Interferencia entre el fruto y el crecimiento vegetativo.

ALGUNAS MEDIDAS PARA PALIARLO SON
- Poda adecuada.
- Quitar algunos gérmenes de fruto durante los 15 días posteriores a la caída de la flor.

ES TIEMPO DE CEREZAS

Se acerca el verano, la primavera está avanzada y los primeras cerezas van coloreando el ambiente. En estos rincones de nuestra tierra el lector se sentirá motivado para saborear sus productos repletos de secretos.

Uno de estos productos es la **cereza**. Con ella queremos que descubra sus colores, sus matices, sus sabores, sus costumbres para que se sienta sorprendido por la belleza visual y gastronómica.

Cerezo, árbol de tronco liso, con abundantes ramas, copa abierta con hojas en forma de punta de lanza y con flores blancas. Símbolo de la tranquilidad. Sus flores, frutos, su madera anhelan nostalgia, armonía, silencio, contemplación, sabor, vistosidad, esperanza...

Madera de color castaño claro con diferentes usos: para calentarse en los días fríos de invierno; para hacer mesas, sillas, muebles auxiliares y artesanales. Madera para que nos deleite con la belleza de sus vetas. Su corteza se considera como sucedánea de la quina.

Fruta jugosa y dulce que exige una gran delicadeza para su recolección, clasificación, selección y envasado. Proceso que sigue haciéndose de forma artesanal desde el principio de los tiempos y sigue hasta nuestros días.

Su color rojizo, amarillo, negro, rojo escarlata..., son emociones que nos recrean con sus gamas de matices. En ellas hay sentimiento, vida, pasión por la vida que es lo que corre por nuestras venas que simbolizan el color rojo de pasión.

La cereza con una sola semilla en su interior, pulpa firme, de forma globosa y acorazonada, jugosa drupa se sigue paseando por los diferentes mercados de ayer hoy y mañana.

Las distintas variedades permiten que desde el mes de mayo hasta comienzos de agosto se puedan disfrutar de su exquisito fruto.

De entre los diferentes tipos de cerezas que se cultivan en esta zona, *la fresona y la negra son la reina y la princesa del cortejo.*

Junto a la reina y la princesa se encuentran: *la guinda, la gorda, el garrafal, rabo largo, silvestre, ampollar, amarilla...*

ANÉCDOTA

Hace bastantes años uno de mis amigos repetía con cierta frecuencia ¡**Qué buen fruto**! Esta pequeña expresión se le había quedado grabado después de vivir la experiencia en el Valle de Caderechas.

Un día del mes de julio una persona muy querida nos invitó a mis amigos y a mí a saborear ¡el buen fruto! Eran unas frutas riquísimas de color rojo vivo escarlata con sus gamas, de desde el color blanco, pasando por el color amarillento, hasta llegar al negro bermellón.

Como podéis imaginar estamos hablando del árbol y de la fruta que en el Extremo Oriente, en especial en Japón, le consideran el árbol más bello de la naturaleza en su época de floración. Es considerado como símbolo de respeto y hasta se puede hablar de cierta veneración.

Pero volvamos a pisar tierra. Llegamos en una tarde veraniega, alrededor de las seis de la tarde. Estuvimos degustando de su color y de su sabor durante toda la tarde. Mientras nosotros saltábamos de rama en rama para poder ojear mejor el contorno de los cerezos, el dueño se había acercado para saludarnos con un fuerte abrazo.

Uno de mis amigos después de elogiar con toda clase de adjetivos le pregunto:

— Me gustaría que me dijera qué tengo que hacer para tener algún árbol como estos.

El dueño, gran conocedor de los frutales, le dijo:

— Mira, es muy fácil tener árboles como estos. Con un ejemplo lo vas a entender enseguida. ¿Cuál es el que más te gusta?
— El que tiene las cerezas rojas tirando a sangre.
— Solamente necesitas plantarle, abonarle, fumigarle y podarle.

Asombrado mi amigo de la sencillez le volvió a preguntar:

— ¿Así de sencillo?
— Ahora esperas treinta años. Así que ya puedes comenzar pronto para que pueda comer las primeras cerezas dentro de quince años.

Su rostro cambió al escuchar la última frase. El dueño se dio cuenta de la cara que puso y le pregunto:

— Entonces, ¿te animas?

Contestó.

— Me lo pensaré.

Para darle ánimo el buen frutero le contestó:

— Recuerda que es fácil. Con perseverancia, voluntad, constancia y paciencia tienes casi todo conseguido.

Luego añadió:

— Si no puedes hacer lo que quieras, sí puedes querer lo que haces.

Esto que es ejemplo de la vida real puede ser trasladado a diferentes campos de la actividad cotidiana. El fruto maduro y la conducta bien hecha, es el resultado **de voluntad, tiempo, dedicación paciencia y entrega.**

NOS ACERCAMOS AL VALLE

Caderechas se despierta después de visualizar la piedra del elefante. Allí confluyen dos caminos procedentes de distintos paisajes:

    a) Atrás quedó el Valle de Valdivielso, valle del río Ebro donde la sierra de la margen derecha del río sirve de frontera para ambos valles. Tras los desfiladeros con sus rocas bordeadas por el ferrocarril Santander Mediterráneo, la carretera Nacional 232 que une el Cantábrico con el Mediterráneo y el curso alto del río Ebro.
    b) Por tierras burebanas se entra entre pinares por la carretera Nacional 232, acompañados por el río Oca, procedente de la sierra de la Demanda.

Oña milenaria.

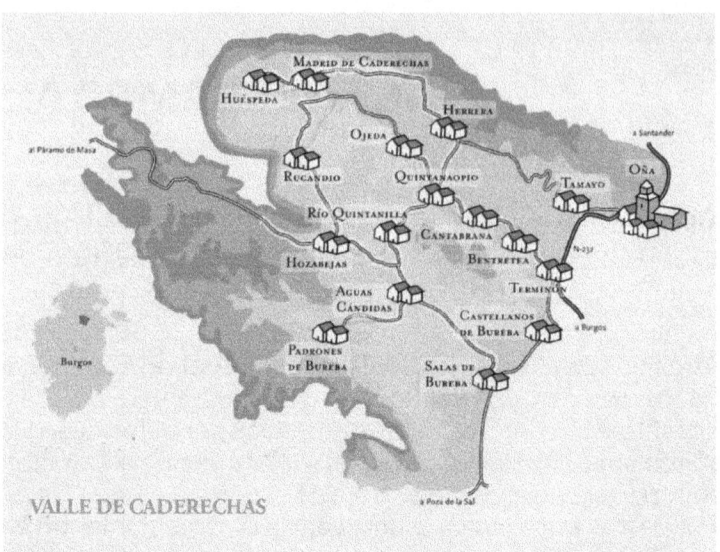

Tras el bosque de rocas de pinos, alternándose con fincas de cereales, surge en su plenitud el segundo cruce de carreteras que da entrada al valle. Río Caderechano en honor al valle, río Homino que recoge las aguas límites de la cuenca del Duero y del Ebro y el río Oca que serpentea por tierras burebanas.

Se abre la puerta de entrada al valle en el cruce de los tres ríos con las 3 carreteras: las provinciales Burgos el Cuadrón; Terminón - Valle de Caderechas y la Nacional 232 que une Santander con el Mediterráneo y el ferrocarril Santander – Mediterráneo, hoy dia convertida en Via Verde.

Repleta de aromas a cereza, tomillo, espliego, brezo, manzanilla, té, pino, boj, etc. con el inconfundible sabor de la cereza caderechana.

Sabor a tradición donde las dos torres que dan entrada al valle mantiene sus piedras centenarias. Pasados los años siguen en pie la de la margen izquierda del río Caderechano.

Caderechas tierra reposada donde su río da nombre al valle, regando sus fértiles tierras y haciéndose hueco entre ondulaciones para que su pesca cangrejera y truchera se cobijen en la sombra de sus árboles.

El viento con la brisa del norte, deja paso a un microclima donde el viento se calma y el sol se hace tenue a la vista del paisaje.

El aire transporta aromas y cálidos sentimientos a las gentes que con su cariño cultivan las cerecedas en sus laderas y valles.

Las casas colgadas en el valle siguen en pie; los molinos, molineros de trigo blanco, van girando a ritmo mortecino. El cerezo, árbol nacional del Japón y estampa maravillosa del valle, ha nacido del patrón marael, arbusto silvestre de montes y cañadas.

Cada año la floración y la recogida de la cereza marca el comienzo de la temporada. Allí se dan cita los primeros visitantes para contemplar con su vista el manto blanco, con sus gamas de rosáceo y poderlo grabar en la retina y en el objetivo de la cámara fotográfica.

Pasadas algunas semanas vuelven los visitantes para ver, contemplar y probar los frutos nacidos de la estampa florida de los meses anteriores. Junto a ellos están ahora los fruteros, cosecheros, fabricantes conserveros e infinidad de amigos que quieren dar rienda suelta a la imaginación, a la vista y al estómago.

Junto a los cerezos se apilan montones de cajas donde los recolectores y visitantes llenan las cajas. Alrededor de ellos también se unen pajarillos que entre canto y canto picotean la mejor para llevarla a su buche.

Cuando los balcones se abren para dar entrada al sol incipiente de la mañana, las puertas se abren para iniciar el camino del cuidado de la poda, plantación, abono y fumigación para que la floración se haga en las mejores condiciones y posteriormente iniciar la recolección.

VALLE DE CADERECHAS

Independientemente de quién lo introdujera, árabes o romanos, el hecho es que desde la Edad Media ya se conocían en el Valle de Caderechas.

Existen muchas variedades comestibles, ácidas y dulces. El cerezo es el árbol frutal típico del Valle de Caderechas.

El valle es origen de calidad. Lugar privilegiado para producir calidad. Las cerezas maduran en el árbol de forma natural y cuando se encuentran en el momento óptimo son recogidas a mano, cereza a cereza, con todo esmero, delicadeza y a la usanza tradicional.

Las condiciones especiales del Valle y los cuidados del frutero hacen que este fruto exquisito de jugosa pulpa pueda saborearse en cada temporada en las mejores condiciones.

Clima ideal con agua abundante y cristalina. Orientación y altitud adecuada que hacen posible la producción de cereza con maduración escalonada y calidades excepcionales.

Estas características orográficas y agroclimáticas del Valle de Caderechas, permiten variedades tempranas y tardías. La maduración escalonada favorece un amplio calendario de recogida.

Fruta única y deliciosa, ella es una tentación para los sentidos. Como fruta de temporada, la podemos considerar la fruta típica de final de la primavera y del verano.

Las reconocerás por su excelente sabor y por su rabo o pedúnculo. Las dulces son mejores para comerlas crudas, mientras que las ácidas son buenas para preparar licores, sorbetes y pasteles.

Existen pequeñas parcelas en las que los cerezos se alternan con productos de la huerta y asociados a otras especies de frutales: ciruelos, manzanos, nogales, almendros, perales, etc.

Tradicionalmente eran árboles casi centenarios y de gran tamaño que estaban acompañados por viñedos, cereales, garbanzos, lentejas, yeros, patatas, etc., según el terreno fuera las márgenes del río o las laderas de la montaña.

En la actualidad se mantiene la forma tradicional, se añade plantaciones nuevas o se dejan olvidadas otras. Son las pequeñas explotaciones las que predomina en el valle atendidas por vecinos de avanzada edad. En la actualidad está funcionando una asociación que pretender fomentar mediante certificados de calidad algunos productos típicos del valle. Uno de ellos es la cereza.

LA PRODUCCIÓN TOMA DIFERENTES CAMINOS
- Directamente del productor al consumidor.
- Del productor a empresas conserveras nacional e internacionales para transformarlas en conservas, mermeladas.
- Para uso familia, elaboración de mermeladas e invitar a amigos y amistades.
- Para consumo en fresco en los mercados próximos de Vitoria, Bilbao, Burgos y pueblos de la Bureba, los Altos...

La cereza que más predomina en el valle es la fresona. Las fábricas conserveras son la que compran para posteriormente transformar y poder darle el color que demanda el mercado. La negra tiene una demanda en el mercado directo

Durante mucho tiempo las variedades autóctonas que se comercializaban eran garrafal, gorda, guinda y ampollar. Eran de sabor dulce, ácidas y de pequeño tamaño.

A medida que han pasado los años el mercado se abrió más. Fueron las nuevas variedades que se fueron importando des-

de Europa y desde América, que unido a las exigencias del consumir se transformó en mayor tamaño, más presentación y diferentes sabores. Desde esta perspectiva aparecieron las fresona en sus diferentes variedades y la negra con sus diferentes texturas.

Su calidad puede competir con las mejores de España. Tradicionalmente se han cultivado en las laderas del valle y en las huertas. Mientras en las laderas es un cultivo de secano en las huertas, participan del regadío que tiene su origen en las aguas cristalinas del Caderechano. Son varios los siglos que este regadío ha bañado las tierras próximas al río.

La orientación del valle es excelente y contribuye para que existan diferentes variedades y diferentes períodos de maduración, desde finales de mayo hasta finales de julio. Podemos hablar de producción a escala. La cereza temprana de finales de mayo hasta las tardías que llegan a finales de julio o principio de agosto.

El valle sigue ahí, el microclima le ampara, las cerezas quieren incorporarse a la nueva realidad, la flor y la fauna sigue su camino.

La tradición nos avala, la generosidad del cerezo con sus flores, frutos y madera. Ahora colmo siempre es la persona la que tiene que poner el incremento para que las maravillas de la naturaleza nos da sus riquezas multiplicado por mil.

CEREZA: HISTORIA, ETIMOLOGÍA Y PROPIEDADES NUTRITIVAS

Las cerezas ya eran conocidas en tiempo de los griegos y de los romanos.

Desde un punto de vista consideramos a los romanos como el pueblo que introdujo el cultivo de este árbol en nuestra Península Ibérica. El cerezo silvestre ha dado dos variedades que se corresponden a las especies *Prunus Avium* y *Pronus Vulgaris* de la familia rosáceas.

El *Pronus Avium* de los bosques de Europa y el *Pronus Vulgaris* de Asia Menor. Sin embargo, consideramos también a los árabes como los introductores de la cereza en nuestra geografía partiendo del antiguo Imperio Persa.

ETIMOLOGÍA
Cereza: latín vulgar *ceresia* < *cererasium*
- Cerezo: latín *cerasius*.
- Familia: cereceda, cerezal.

PROPIEDADES NUTRITIVAS

Las cerezas aportan unas 60 calorías por cada 100 gramos, 16% de valor diario de carbohidratos y son ricas en azúcares, 14 gramos por 100 gramos de fructosa.

Tienen pequeñas cantidades de ácido fólico, vitamina C y beta-caroteno, que el organismo la transforma en vitamina A. En menor cantidad contienen biotina, E, B1, B2, B3, B5, B6 y sales minerales: rica en calcio, magnesio, fósforo, potasio, sodio, azufre; pequeñas cantidades de cobre, hierro, manganeso y zinc; antioxidantes naturales: antocianos que le dan el color rojo característico y carotenos; fibra soluble que regula el tránsito intestinal; en cuanto al color.

DATOS DE NUTRICIÓN

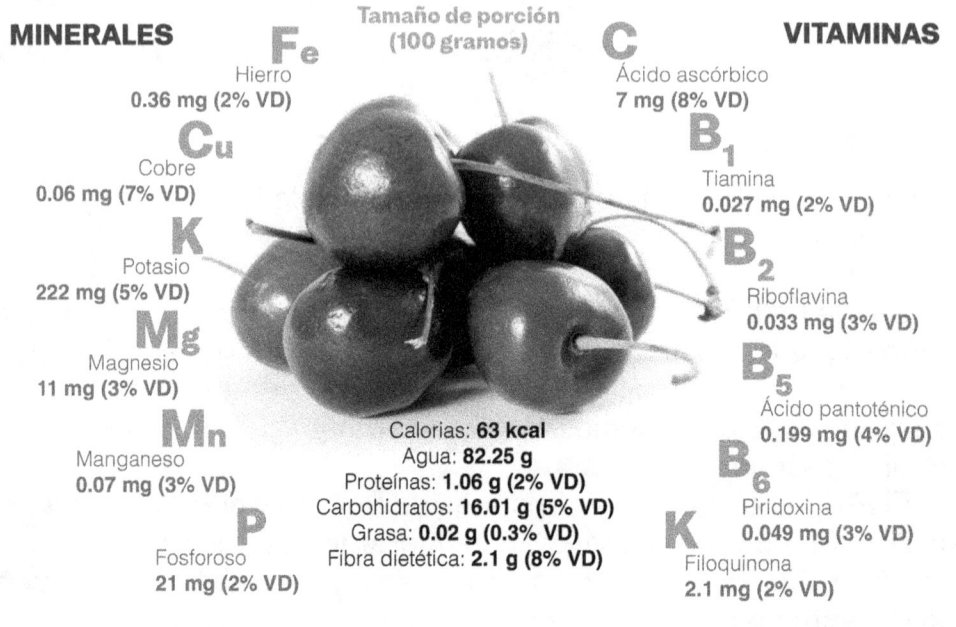

MINERALES

Fe Hierro 0.36 mg (2% VD)

Cu Cobre 0.06 mg (7% VD)

K Potasio 222 mg (5% VD)

Mg Magnesio 11 mg (3% VD)

Mn Manganeso 0.07 mg (3% VD)

P Fosforoso 21 mg (2% VD)

Tamaño de porción (100 gramos)

Calorias: **63 kcal**
Agua: **82.25 g**
Proteínas: **1.06 g (2% VD)**
Carbohidratos: **16.01 g (5% VD)**
Grasa: **0.02 g (0.3% VD)**
Fibra dietética: **2.1 g (8% VD)**

VITAMINAS

C Ácido ascórbico 7 mg (8% VD)

B_1 Tiamina 0.027 mg (2% VD)

B_2 Riboflavina 0.033 mg (3% VD)

B_5 Ácido pantoténico 0.199 mg (4% VD)

B_6 Piridoxina 0.049 mg (3% VD)

K Filoquinona 2.1 mg (2% VD)

Menos de 2% DV vitaminas
Colina, B_9^1, B_3^1, A y E

Menos de 2% DV minerales
Calcio, zinc

FUENTE: Departamento de Agricultura de Estados Unidos

El color rojo oscuro contiene mayor concentración de minerales y vitaminas; algunas propiedades saludables: para curar el estreñimiento, estimulan la digestión y las funciones del páncreas. Tienen propiedades diuréticas y fomentan todos los procesos de desarrollo y crecimiento.

ALGUNAS RECETAS CON CEREZAS

Con ellas puedes realizar un listado de bebidas y platos: postres, licores, mermeladas, acompañamiento a comidas, adornos...

1.- PINCHOS DE COLORES

INGREDIENTES: Distintas variedades de cerezas con distintos tipos de quesos.

Cómo se hace:

Lavar las cerezas, quitar hueso y rabos. Cortar distintos tipos de queso de tamaño similar a las cerezas. Sobre un palillo meter, alternando, los diferentes colores de cerezas y queso.

2.- CEREZA CON FOIE

INGREDIENTES: Canapés de pan, foie y cerezas.

Cómo se hace:

Cubrir en primer lugar el canapé con cereza picada y encima echar foie. Sobre el foie rematar con media cereza en forma de abanico o media luna.

3.- ENSALADA CON CEREZAS

INGREDIENTES: Escarola, zanahoria, bonito, huevo cocido, cerezas y vinagreta (vinagre con aceite de oliva).

Cómo se hace:

Lavar bien la escarola y la zanahoria. Sobre un plato ir colocando por separado cada ingrediente. Las cerezas se echan al final para decorar y dar un sabor agridulce a la ensalada.

4.- CEREZAS CON NATA

INGREDIENTES: Nata montada y cereza.

Cómo se hace:
Sobre un plato de cerezas deshuesadas se coloca nata haciendo figuras geométricas.

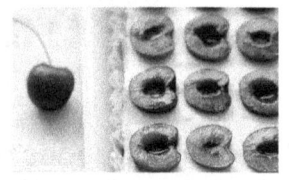

5.- CEREZAS MACERADAS

INGREDIENTES: Cerezas, ralladura de limón, 2 copas de licor de cerezas y una torta.

Cómo se hace:
Dejar macerar las cerezas con licor de cereza. Rociar la torta con el licor y el jugo de las cerezas. Espolvorear azúcar glas las cerezas y gratinar en el horno hasta que se dore ligeramente la superficie.

6.- CEREZAS PARA DECORAR Y DAR UN NUEVO SABOR

- Flan
- Arroz con leche
- Cuajada
- Yogur
- Helados
- Con hojaldre
- Con miel
- Rodajas de melocotón, piña, etc.
- Maicena
- Mus de chocolate

7.- CEREZAS EN ALMIBAR

INGREDIENTES: Cerezas, azúcar.

Cómo se hace:
Quitar el hueso a las cerezas. Dejar en maceración durante una noche en la proporción. siguiente un kilo de cerezas y 600 gramos de azúcar. Hervir lentamente durante una hora. Dejar enfriar y meter en botes.

8. CEREZAS AL BAÑO MARIA

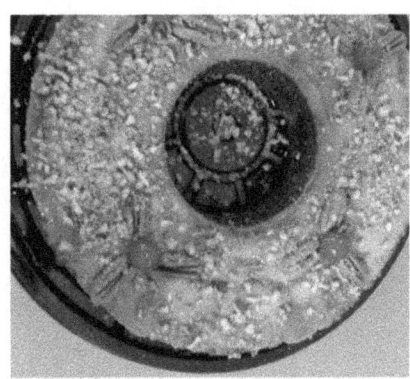

INGREDIENTES: Azúcar, agua y cerezas.

Cómo se hace:
Quitar el rabo de las cerezas. Preparar el almíbar con azúcar y agua en la proporción siguiente: 2 kilos de azúcar, 5 litros de agua. Llenar los botes de cereza y rellenarle con el almíbar preparado. Cerrar herméticamente cada bote. Meter los botes al baño maría. Tienen que estar hirviendo durante 25 minutos.

Nota: Las cerezas pierden el color que tenían para transformarse en blanquecinas.

9.- CEREZAS PASAS

INGREDIENTES: Cerezas.

Cómo se hace:
Se quita el rabo. Se extienden sobre bandejas en una sola fila. Durante el día se sacan al sol y en la noche se meten a casa. Este proceso dura 9 días aproximadamente.

10.- LICORES

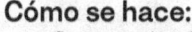

TIPOS DE LICORES: Garrafal en orujo, garrafal en anís, garrafal al 50% anís y al 50% orujo. Cerezas en orujo, cerezas en anís, cerezas con mezcla de anís y orujo.

Cómo se hace:
Quitar el rabo. Llenar el recipiente de cerezas y rellenarle de orujo o anís. El orujo o anís tiene que cubrir bien a las cerezas. Si dejamos un trozo de rabo, la cereza o el garrafal tarda más tiempo en absorber el alcohol.

Nota: Alcohol más glucosa (la cereza tiene glucosa) nos da mayor graduación. Luego el orujo o anís que hemos mezclado adquiere más graduación. En este proceso químico durante el primer año el alcohol pasa a la cereza. A partir del tercer año la cereza va desprendiendo otra vez el alcohol.

11.- MERMELADA DE CEREZAS Y NARANJA

INGREDIENTES: 3 kilos de cerezas, 3 naranjas (solo la piel), 900 gramos de azúcar.

Comó se hace:
Quitar el rabo a las cerezas y lavarlas. Quitar el hueso (pita). Colocar las cerezas en el recipiente donde se vaya a hacer. Pelar las naranjas y echar la piel troceada con las cerezas. Echar el azúcar y dejar en maceración doce horas. Cocer durante una hora hasta que veamos que está dorada y un poco espesa. Triturar a gusto la mezcla. Meter en tarros de cristal y tapar. Poner al baño María los tarros durante veinte minutos. Dejar enfriar y listos para guardar y degustar.

12.- MERMELADA DE CEREZAS

INGREDIENTES: 3 kilos de cerezas, 750 gramos de azúcar.

Cómo se hace:
Quitar el rabo a las cerezas y lavarlas. Quitar el hueso (pita). Colocar las cerezas en el recipiente donde se vaya a hacer. Echar el azúcar y dejar en maceración doce horas. Cocer durante una hora hasta que veamos que

está dorada y un poco espesa. Triturar a gusto la mezcla. Meter en tarros de cristal y tapar. Poner al baño María los tarros durante veinte minutos. Dejar enfriar y listos para guardar y degustar.

RECOLECCIÓN – PRODUCCIÓN

Recoger las cerezas en su punto de maduración es saborearla con la vista, con el tacto, con la imaginación y finalmente con el gusto. Madurez que excluye todas las formas anteriores de sólo el color me basta, un poco verdes o demasiado maduras.

En la recolección hay que evitar el golpe y las magulladuras. A más rapidez más magulladuras o golpes involuntarios. Una recolección organizada necesita de cajas, escalera, cestos lisos para poder colgar en el árbol y una buena disposición.

Las cerezas, excepto las picotas, hay que arrancarlas con el pedúnculo o rabo. En cuanto al rendimiento entre 50 y 100 kilos de cerezas por día es un buen trabajo. La cereza es un fruto que hay que recogerla a mano y con delicadeza. Su composición química en el momento de la recolección contiene: azúcares, almidón, celulosa, ácidos orgánicos, etc.

DURANTE LA MADURACIÓN
- El almidón se transforma en azúcar. Empieza junto al pedúnculo.
- Azúcares. El contenido en azúcar aumenta intensamente. Después estos azúcares se oxidan, transformándose en alcohol o en etileno. El fenómeno de oxidación tiene como resultado pérdida de agua y en consecuencia peso.

Desde el punto de vista productivo cada frutal tiene su especificidad en cuanto a duración, cantidad de producción, época de floración.

Cuando plantamos un cerezo tenemos que ser conscientes que es una inversión a medio plazo o quizá a largo plazo. La etapa productiva óptima hay que situarla entre los 15 a 30 años. Si optamos por plantación más enana nos podemos adelantar algún año.

Estos años son referenciales. Antes obtendremos pequeñas cosechas y después seguirán aumentando en producción. Durante este periodo se habrá producido bajas por enfermedad, climatología, etc. El rendimiento depende de muchos factores como:

- Climatología.
- Grado de polinización.
- Tipo de patrón.
- Variedad de cerezo.
- Cuidados del suelo.
- Abonado, poda.
- Fumigación.
- Etc.

Los cerezos que están sobre patrón marael se desarrollan muy bien y duran muchísimos años. Se da la circunstancia que el cerezo ha muerto por vejez o desgaste a los 40 ó 50 años, pero el patrón marael sigue brotando de nuevo.

La capacidad productiva no se alanza hasta después de varios años. En cuanto a la producción podemos establecer la siguiente relación:

AÑOS	CANTIDAD
☞ 4°	☞ 2 kg
☞ 5°	☞ 3 kg
☞ 6°	☞ 5 kg
☞ 7°	☞ 8 kg
☞ 8°	☞ 10 kg
☞ 9°	☞ 12 kg
☞ 10°	☞ 14 kg
☞ ...	☞ ...
☞ 15°	☞ 20 kg
☞ 20°	☞ 30 kg
☞ 25°	☞ 40 kg

Estos datos como podrán comprobar son resultados de establecer unas medias en la producción. Si hacemos un estudio individual estos datos nos coinciden.

DAÑOS PRODUCIDOS POR AVES
Hay zonas donde ciertas aves como el mirlo común y estornino negro hacen grandes daños a la producción. Nos referimos a las grandes bandadas de estas aves. Una forma de protegerse es mediante sonidos programados.

En general muchos pajarillos se alimentan de cerezas. En estos casos el daño es pequeño.

COSTES Y CONSIDERACIONES PARA HACER UNA PLANTACIÓN CEREZOS

Llevar a cabo una explotación frutícola de cerezos, exige una serie de estudios y conocimientos. La explotación adquiere aspectos distintos cuando se hace por afición o **como forma de vida.**

- El aficionado lo que busca en primer lugar el disfrute, la satisfacción personal, familiar y de amistades.
- Para el que es como forma de vida, la dimensión comercial es la que prima sobre la del disfrute. Máximo beneficio y mínimo coste.

LA CIENCIA FRUTÍCOLA CONSISTE
- Poner en marcha los diferentes métodos de trabajo.
- Adaptar las técnicas a la realidad concreta.
- Hacer un estudio de costes.

EN CUANTO A LA EXTENSIÓN PODEMOS HABLAR DE
- Pequeñas explotaciones 4 hectáreas por 700 plantas la hectárea igual 2800 cerezos.
- Grandes explotaciones 20 hectáreas por 700 plantas por hectárea igual 14000 cerezos.

Los rendimientos del cerezo están condicionados por bastantes factores: **clima, suelo, variedad, precio del mercado.** El precio de mercado y el clima son dos variables que no podemos controlar.

La situación óptima de máxima valor oscila bastante. Si queremos acercarnos a la rentabilidad tenemos que considerar la media entre varios años:

- Lo óptimo en producción y lo optimo en precio de venta apenas si coinciden.
- Lo óptimo en precio coincide con producción baja.
- Cada un número de años tiene lugar heladas que rebajan la producción.
- El número de bajas unido a los árboles con enfermedad.

- Los gastos fijos están siempre presentes, se produzca poco o mucho.
- Los cinco primeros años es todo gasto.
- A partir de 30 años el árbol va camino del desgaste.
- El máximo de producción tiene lugar entre 15 y 25 años.

En la siguiente tabla se hace aproximación a los costes por cerezo/año:

ACTIVIDAD	COSTE
☞ Preparación del terreno.	€7
☞ Vivero.	€4
☞ Plantación.	€7
☞ Poda de verano 20 minutos. ☞ Poda de invierno. ☞ Recogida de la madera.	€15
☞ Fumigación (mano de obra y productos).	€8
☞ Abonado inorgánico y orgánico. 5 kilos x 0,25.	€3
☞ Bajas.	€0,30
☞ Recolección (recogida, transporte...) de 50 kilos al día.	€50
GASTOS FIJOS ☞ Preparación del terreno, fumigación, poda, abonado, bajas.	€33,30
GASTOS DE COMIENZO EXPLOTACIÓN ☞ Preparación terreno, vivero, plantación.	€18
GASTOS CUANDO HAY COSECHA ☞ Recolección, transporte...	€50
Nota: Costes medios en Burgos (España) a la fecha de este escrito.	

SI CONSIDERAMOS LA MEJOR OPCIÓN DE PRODUCCIÓN

Una media de 50 kilos por cerezo al año y el precio es de 1 euro por kilo el valor asciende por cerezo a 50 euros. **Podemos observar que no cubre los gastos fijos y los de recolección.**

Para el aficionado estas reflexiones y estos costes le interesan como curiosidad, pero no es determinante. En cambio, para quien hace la plantación como medio de vida, es lo primero a considerar.

CURIOSIDADES

En un kilo de cerezas entran aproximadamente 100 cerezas. Si una persona coge 80 kilos al día, habrá cogido 8000 cerezas.

PAUTAS PARA QUERER MÁS A LA NATURALEZA

La naturaleza es el libro abierto mayor que tenemos a nuestro alcance. Podemos verle con nuestros ojos, escucharle con nuestros oídos, saborear con nuestro paladar, acariciar con nuestro cuerpo... Él es perfume permanente para que nuestras relaciones sean cada vez mejores. Nos da de comer con todo tipo de frutas y verduras. Sus aguas sacian nuestra sed y nos ofrece infinidad de pescados de agua dulce y agua salada.

Cada instante necesitamos de ella. La necesitamos permanentemente para poder respirar. En todo instante nos da el oxígeno que necesitamos y además regalado. ¿Somos agradecidos? ¿Ponemos nuestra capacidad al servicio de la persona respetándola?

Una simple observación a nuestro alrededor nos confirma que, a veces, somos desagradecidos. ¡Cuánta contaminación industrial, agrícola, doméstica, personal! Este libro tan maravilloso que nos dejado escrito el Creador, en imágenes, con sonido, interrelacionado, en diferentes contextos...supera con creces al mejor programa biotecnológico.

Puede leerlo cualquier persona, de cualquier edad, con cualquier sabiduría. Siempre nuevo y siempre viejo, donde siempre hay algo que descubrir y algo que mantener.

AL AIRE INVISIBLE

Estás en todos los lugares
eres vida y alimento de vida
purificas el ambiente
refrescas las tardes
eres nuestro compañero de viaje
nuestro cómplice
todo los das de forma gratuita
no distingues de fronteras ni culturas

eres solidario a raudales
practicas la justicia
dando a cada uno lo que necesita
eres intemporal
siendo invisible
tienes pasado, presente y futuro.

Aire y agua
dos pares inseparables para la vida
que dais todo sin pedir nada a cambio.

Diderot, filósofo francés, nos dice: "El ojo y el ala de una mariposa bastan para anonadar a un ateo".

Proteger el medio ambiente es garantizar la vida de la naturaleza y la vida de la persona. La capacidad del suelo agrícola de recibir y depurar los componentes orgánicos e inorgánicos es limitada. El suelo tiene cierta capacidad para absorber en condiciones normales cierta cantidad de excrementos. POR EJEMPLO: *Un pato genera 82 kilos de deyección al año. Teniendo en cuenta el porcentaje de nitrógeno, P_2O_5 (ácido fosfórico) y K_2O (potasa) que genera esa deyección, podemos afirmar que la cantidad que admite el suelo sin ser contaminado es de 1 kilo por metro cuadrado al año. Si tenemos 6000 patos necesitamos 50 hectáreas de terreno.*

Desde el punto normativo hay bastante regulación de eliminación de residuos, subproductos que se depositan en los suelos con fines fertilizantes o de mejora de calidad de los suelos.

ESTUDIO DE RESIDUOS

Purines y estiércol. Los purines y el estiércol siempre han sido considerados como un complemento ideal para la fertilización agrícola. Incorporarles de nuevo al suelo es devolver una parte de los nutrientes que habían sido extraídos por los cultivos.

La cuestión que se plantea es lograr una mejor protección del suelo. No basta:

- Con devolver los purines y el estiércol.
- Hay que considerar lo que el suelo esta capacitado a admitir sin alterarlo negativamente.
- Junto a los restos de animales ¿qué hacer con el agua procedente del lavado de granjas con productos contaminantes?
- La extracción de materia orgánica de los suelos está provocando pérdida de fertilidad.

AGUAS RESIDUALES

Son las procedentes del desecho del consumo humano: orina, lavado, fregar, que genera en el proceso de putrefacción otras materias que necesitan ser tratadas. EJEMPLO: *Viente toneladas de este compuesto orgánico depurado generan 600 kilos de fósforo, 200 kilos de potasio y 25° de nitrógeno.*

BASURA DOMÉSTICA

Cuando es tratada convenientemente la materia prima resultante nos ofrece unos productos parecidos a las aguas residuales. EJEMPLO: *Viente toneladas de materia que han sido tratadas adecuadamente, generan 350 kilos de potasio, 200 de fósforo y 300 de nitrógeno.*

Cultivar alimentos que respeten el medio ambiente requiere aceptar una serie de conductas que implican al productor, consumidor, administraciones en sus diferentes ámbitos de actuación. Los servicios de información y formación con relación a los residuos, tiempo libre, utilización del suelo, etc. Son medidas que refuerzan la mejora del medio ambiente.

AL PRODUCTOR PORQUE TIENE QUE ACEPTAR

- La utilización adecuada de fertilizantes, plaguicidas, agua...para que no dañe al medio ambiente, suelo, aguas superficiales, subterráneas, atmósfera...
- La reducción en su cosecha.
- Vender más caro el producto para hacer frente a los costes mayores.
- En unos casos tener más terreno para poder dejar en barbecho

una parte del terreno. De esta manera el suelo recuperara algunos de los nutrientes necesarios para evitar la desertización, erosión...

AL CONSUMIDOR
- Tiene que ser consciente que el producto ecológico contiene mejores propiedades alimenticias.
- Que consumiéndole está colaborando para que tengamos un medio en mejores condiciones de vida.
- Que esta ventaja solidaria con los demás y con la alimentación personal, tiene un coste mayor.
- Que el producto que reúne estas características posiblemente tenga una apariencia más fea: arrugas, tamaño irregular, sabor distinto y menos uniforme.

LA ADMINISTRACIÓN
Estableciendo medidas que apoyen al productor y al consumidor:
- Formación e información.
- Actualizar la legislación y hacerla cumplir.
- Ayudas de diferente tipo (económicas, estimulantes...) para que refuercen una cultura ecológica.
- Controles de calidad de suelos, productos...
- Medidas que generen producción industrial dentro de la normativa del medio ambiente.
- Exigencias para que los residuos, basuras, purines...sean depurados adecuadamente.
- Favorecer el cultivo de alimentos y cría de animales con alimentos que ayuden al medio ambiente.
- El esfuerzo por integrar las cuestiones ambientales en todos los ambientes políticos y principalmente en política económica, medios de comunicación y educativa.
- Proporcionar una información fiable que sirva de orientación a las empresas, políticos, medios de comunicación y ciudadano en general.
- Ayudas que favorezcan mayor número de hectáreas del cultivo ecológico, tanto de origen animal como vegetal.

Disponemos de diagnósticos para los próximos años en ámbitos como los residuos, la biodiversidad, los productos químicos, capa de ozono, etc.

Los diferentes indicadores ambientales de la Agencia Europea del Medio Ambiente subraya la necesidad de acelerar el proceso de integrar las preocupaciones ambientales en todas las políticas ambientales en todas las políticas sectoriales para obtener un medio ambiente saludable y limpio.

La presión de la actividad humana sobre el medio ambiente podemos situarlo en los siguientes ámbitos:

- Contaminación de las aguas.
- Contaminación atmosférica.
- Pérdida de la biodiversidad.
- Disminución de recursos naturales.
- Medio marino.
- Disminución capa de ozono.
- Los residuos urbanos e industriales.
- Dispersión de sustancias tóxicas.

Seguimos produciendo miles de toneladas de productos químicos sintéticos que desconocemos los efectos para la persona las plantas y los animales.

Esta aventura en la dispersión de sustancias tóxicas es un riesgo que puede producir envenenamientos lentos en el agua potable, alimentos y en el entorno vivo. EJEMPLO: *Las dioxinas son uno de los contaminantes orgánicos más persistentes que se filtran en el medio ambiente.*

Cada persona desde su parcela puede aportar algo positivo al medio ambiente. EJEMPLO: *El agricultor puede aportar su grano de arena en esta larga cadena de la vida.*

Se trata de lograr una agricultura ecológica mediante usos alternativos donde la producción ganadera y vegetal ofrece:

- Respeto al entorno natural (animales y plantas).
- Máxima calidad en lo nutritivo y en lo sanitario.
- Emplear el mínimo de sustancias químicas de síntesis en el proceso de producción.
- Mayor justicia a los países en desarrollo.
- Fomentar este conjunto de buenas prácticas es generar un entorno saludable con consecuencias positivas en lo sanitario, en lo social, alimentación. Es lo que llamamos calidad de vida para el hoy y el mañana.

En esta cadena de la vida es positivo que las pequeñas y las grandes decisiones tienen su importancia. Las pequeñas porque afectan a cada persona en particular y las grandes porque son respuestas que afectan a muchísimas personas. En este deseo de mejorar, un buen comienzo es establecer códigos de buenas prácticas que inviten a todas las personas a tomar conciencia de la situación medio ambiental.

BUENAS PRÁCTICAS
- A nivel personal, grupal e industrial.
- Cuando gestionamos bien el agua (en el lavabo, ducha, lavadora, regamos las plantas...) y el suelo (ordenando los productos de desecho casero, empresarial...).
- Compramos productos ecológicos.

- Nuestro tiempo libre tiene en cuenta el medio natural.
- Etc.

MALAS PRÁCTICAS
- Nivel personal, grupal e industrial.
- Tener el grifo dado mientras estoy vistiendo...
- Cuando utilizamos las explotaciones agropecuarias de forma intensiva, generando los siguientes problemas: de tipo fitosanitario (uso de funguicidas, herbicidas, plaguicidas e insecticidas con carácter general.
- El uso excesivo de abono químico inorgánico como son los nitratos, amoniaco.
- Etc.

En este recorrido caben muchas propuestas de mejora. Una de ellas es la siguiente:

☞ El abono químico inorgánico.	☞ Sustituirlo por orgánico: estiércol, purines, abono verde...
☞ Los plaguicidas artificiales.	☞ Por métodos naturales.

En cuanto a las aguas, es indiscutible la gravedad de contaminación del agua dulce y subterránea producida por vertidos industriales, domésticos y por filtración de fertilizantes en especial los nitrogenados.

Los problemas no sólo son de escasez y de contaminación, es de igualdad, de justicia. Conviene recordar que:

- Transportar por ferrocarril contamina 10 veces menos que por carretera.
- Las lluvias ácidas que se producen en zonas industriales al ponerse en contacto el agua de la atmósfera con el anhídrido carbónico, óxidos de azufre, fósforo, nitrógeno, producen ácido sulfúrico, sulfuroso, ácido nítrico...

Estas lluvias ácidas aumentan la acidez del suelo y de las aguas. Afectan a las plantas y a los servicios del agua, haciéndolas inhabitables para muchas especies y a la actividad bacteriana del suelo. EJEMPLO: *Mientras un guineano consume 20 metros cúbicos de agua al año, un europeo 80 veces más.*

El ejemplo nos tiene que hacer reflexionar sobre dos aspectos: el agua es limitada y en segundo lugar es un tema de justicia.

¿Se imaginan ustedes que estaríamos tranquilos si tenemos síntomas de dolor continuado en una parte de nuestro cuerpo?

Estos son algunos de los indicios que nos llevan a estar atentos para buscar soluciones desde las diferentes posiciones que nos encontremos. Tenemos que plantearnos nuevos modelos de consumo y de producción que sean viables para todos. El principio difundido: "Quien contamina paga" es insuficiente porque la contaminación no tiene valor en dinero, puede afectar a tiempos futuros...

A estas "alturas de la película", conservar el medio ambiente pasa por medidas como:

- Que haya legislación medioambiental local, provincial, nacional e internacional e interrelacionada.
- Que se cumpla dicha legislación.
- Que tiene más sentido la prevención que la corrección a posteriori.
- Que sepamos todas las personas el coste de contaminación que tiene la energía consumida, los productos consumidos, el transporte, papel consumido, coche, etc.
- Que el impuesto medioambiental se dirija a depurar las aguas y el aire...
- Que el coste medioambiental lo paguen quien contamine más: ciudadano, empresa, pueblo, ciudad, nación...
- Solidaridad intergeneracional.
- Legislación internacional que haga posible un desarrollo sostenible.

En nuestras manos tenemos una forma de consumir, sin expoliar los recursos, contaminar menos y una oportunidad para avanzar solidariamente.

EPÍLOGO

Ahora sueña y entre sueño y sueño busca el camino de la felicidad. En este soñar te acompañarán árboles y plantas frondas llenas de flores que atraen el olor a abejas y mariposas.

Su belleza, su sabia y su fuerza llenan el campo de esplendor. Mientras tanto, hablan con su lenguaje de juegos, caricias y melodías llenas de sabiduría.

Si es de día disfruta de la luz desde el amanecer hasta el anochecer; si es de noche el firmamento lleno de estrellas va dando paso a la inmensidad de pequeñas lucecilas que nos alumbran en la noche.

Una parada en medio del camino nos permite comprender un poco más, tanta belleza para dar rienda suelta a nuestra imaginación donde naturaleza y misterio quieren fundirse.

Día y noches se suceden a través del tiempo. Mientras esto ocurre, en mi corazón perduran los aciertos y los errores que han dado paso al ahora esperanzado.

¡Qué bello es vivir compartiendo! Para lograrlo deja a un lado los gemidos, tristezas y desesperanza que se suceden en los sen-

deros del camino. En este sendero de luz y de sombras, las huellas de corazón que día a día invitan a caminar llenos de esperanza e ilusión.

La tarde está cayendo, el sol se despide con sus rayos de fuego lejano allá por el Páramo de Masa entre los modernos "molinos" de viento del siglo XXI.

En las puertas de cada casa y en el portal de cada una se comenta la cosecha bajo la luz de la luna.

El fuego sigue en el interior calentando pucheros para dar fuerza a toda la familia y se reponga para el día siguiente.

> Día tras día,
> año tras año,
> todo es viejo y todo es nuevo.
> Lo mejor de esta tierra,
> sus cerezos y sus gentes,
> que siguen enlazando
> ayer, hoy y mañana
> cogiéndolas con rabo y
> echando guindas al pavo.

APÉNDICE

1. - Estudio de casos sobre el cerezo
2.- La química y el cerezo
3.- Reproducción sexual del cerezo
4.- Palabras asociadas al cerezo
5.- El agua en el cerezo

1.- ESTUDIO DE CASOS SOBRE EL CEREZO

1. El cerezo todos los años tiene mucha flor, pero no da fruto. El fruto depende de una buena polinización. En el caso del cerezo para polinizar tiene que ser de otra variedad.

¿QUÉ HACER?
- Comprueba que tiene diferentes variedades de cerezas y que florecen en la mis época.
- Al hacer nuevas plantaciones de cerezos plante de varias variedades para que haya una mejor fecundación.
- Observe que los transportadores de polen como las abejas o el viento actúan en esa época de floración.

2. El cerezo crece con fuerza y no da frutos, aunque hago una buena poda. Este crecimiento nos confirma que el patrón del cerezo es fuerte y el suelo es adecuado para el crecimiento captando mucho nitrógeno.

¿QUÉ HACER?
- Evitar echar abono nitrogenado por un tiempo.
- Atar ramas en horizontal para que reposen y pasen a fruto.
- Dejar de podar durante dos años aproximadamente.
- La zona injertada ha podido echar raíces.
- Observar donde está el injerto dentro de la tierra o superficialmente.
- Si está enterrado quitar la tierra y las raíces que haya echado.

3. La corteza ha sido dañada por algún animal o por herramienta de cultivo.

¿QUÉ HACER?
Medidas de inmediato: Siempre colocar un vendaje a la herida con barro y estiércol.

A CORTO PLAZO
- Si ha sido comida por algún animal como las liebres, poner ramas en el suelo alrededor del árbol para facilitarle la comida y evitar que llegue al tronco.
- Si el animal ha sido algún corzo que se rasca con su cuerpo, poner alrededor del tronco varios palos plantados.
- Si ha sido por ratas o ratones, limpiar las hierbas que hay junto al tronco.

4. El cerezo está bien podado produce muchas yemas florales y pocos brotes. Observe los alrededores del tronco. Es posible que hay muchos agujeros producidos por topillos.

¿QUÉ HACER?
- Eliminar los topillos mediante trampas o productos de fumigación.
- Echar abono ternario: NPK.
- Un procedimiento natural para que se aleje es plantar ajos.
- Hacer una poda más suave.

5. La copa del cerezo crece de forma desigual. Localiza la parte de desequilibrio y averiguar las causas: falta de rama principal, brotes débiles...

¿QUÉ HACER?
- Las ramas del lado que crece mucho ponerle de forma horizontal.
- El lado débil fortalecerle mediante crecimiento en vertical.

1.6 En el momento de la recolección algunas aves como los estorninos o el mirlo hacen grandes daños a las cerezas.

¿QUÉ HACER?
- Solicitar permiso para cazarles a los servicios del medio ambiente.
- Poner mallas protectoras.
- Programar un quemador de carburo para que periódicamente produzca un estruendo que ahuyente a las aves.

2.- LA QUÍMICA Y EL CEREZO

2.1. **Química orgánica – bioquímica.** El carbono es el elemento más importante que forma parte del ser vivo. La facilidad para formar grandes moléculas está en los cuatro electrones de valencia y la tendencia a compartirlos.

El carbono es ideal para formar sustancias cuyas moléculas sean grandes. EJEMPLO: *La molécula del azúcar es pequeña y está hecha por 12 átomos de carbono, 20 hidrógeno y 11 de oxígeno.*

El hollín o las cenizas como residuo de la quema de plantas vegetales contiene carbonato potásico. Al mezclarlo con estiércol favorece la disolución de fosfatos.

FOTOSÍNTESIS

$nH_2O + CO_2 + luz \ldots\ldots\ldots O_2 + (CH_2O)n$
- El agua procede del ambiente y le llega por la raíz.
- El CO_2 lo toma de la atmósfera o disuelto en agua.
- La luz (energía) es captada por la clorofila, excitando las moléculas del agua hasta romperlas. Esta luz puede ser solar o artificial.

RESULTADO
- El O_2 (oxígeno) va a la atmósfera.
- (CH_2O) n representa a los glúcidos.

El primer glúcido que se sintetiza de la fotosíntesis es un azúcar de 3 carbones. A partir de este glúcido se forma:

- Glucosa, celulosa, almidón, etc.
- Aminoácidos y estos a las proteínas.

Maduración de la cereza: El contenido en azúcar aumenta intensamente. Después estos azúcares se oxidan, transformándose en alcohol o en etileno. El fenómeno de oxidación tiene como resultado pérdida de agua y en consecuencia peso.

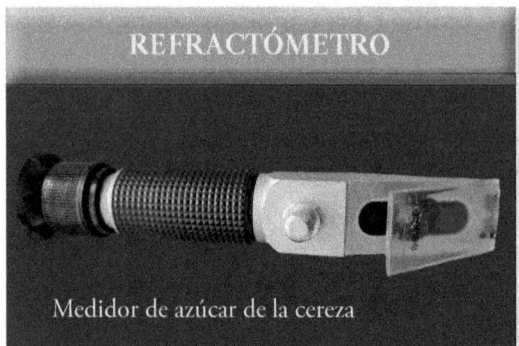

REFRACTÓMETRO

Medidor de azúcar de la cereza

LOS HUESOS DE LA CEREZA

TIENEN UNA DOBLE PROPIEDAD:
1. Admitir calor o frío.
2. Desprender calor o frío.

PROCEDIMIENTO:
Coge el calor, lo mantiene y lo desprende poco a poco.

¿CÓMO COGE EL CALOR?
Meter los huesos en saquitos y se puede calentar en el microondas, en el horno (máximo 150 grados), estufa, etc. Posteriormente se puede usar para calentar la cama, una parte del cuerpo, etc.

¿CÓMO COGE EL FRÍO?
Meter los huesos en saquitos y ponerlos en el congelador. Coge el frío y posteriormente lo desprende poco a poco.

HUESOS DE CEREZA:
Producto natural 100%

3.- REPRODUCCIÓN SEXUAL DEL CEREZO

El cerezo como planta de flor tiene reproducción sexual. En la parte interna de la flor emergen los órganos sexuales.

- El órgano masculino de la flor son los estambres cuyas antenas dan los granos de polen.
- El órgano femenino son los pistilos (ovarios) en cuyo interior están los óvulos.

Los insectos o el viento llevan los granos de polen al final del pistilo (ovario). Allí el óvulo con el polen fecundan y se transforman en semilla y el ovario en fruto.

4.- PALABRAS ASOCIADAS AL CEREZO

- Fruticultor que realiza trabajos con fuerza. EJEMPLO: *Coger cajas, cavar...puede perder por traspiración hasta 1,6 litros de agua por hora.* Para vaporizar un gramo de agua necesita 580 calorías.
- Vecería es un fenómeno frutal que consiste en que a un año de cosecha le sigue otro de descanso o mínima cosecha. Las características son: hay floración pero no cuaja a fruto o ausencia de floración.
- Portainjerto franco cuando procede de semilla.
- Patrón clonal cuando procede de la multiplicación vegetativa.
- Acodo meter un trozo de rama en el suelo para que eche raíz.
- Hijuelos cuando sale de la misma raíz una nueva planta.
- Parásitos del cerezo: Muérdago es una planta que actúa de parásito. Tiene raíces que penetran en el tejido del cerezo. Aparece en el tronco o ramas. También es propio este parásito del manzano, almendro, roble y otros árboles.
- Gomosis (resina). Es una enfermedad de tipo degenerativo de las células de la corteza en el que el almidón se transforma en mucílago. Produce debilitamiento en las hojas llegándose a secar la rama. Para curar se puede quitar. Las causas pueden ser varias: reacción del árbol a circunstancias desfavorables de actuación de la bacteria gummis...

5. - EL AGUA EN EL CEREZO

La proporción de agua en las diferentes partes del cerezo es la siguiente:
- Fruto → entre el 50 y 85 %.
- Ramas jóvenes → entre 40 y 70%.
- Raíz → entre 55 y 85 %.

Un cerezo de veinte años puede transpirar 100 litros de agua al día en ciertos momentos de las estaciones de primavera – verano.

En la práctica el agua necesaria para el desarrollo de las plantas proviene del suelo. EJEMPLO: *Si un cerezo produce al año 10 kilos de materia seca (fruta, ramas, hojas, raíz) necesita 5 metros cúbicos de agua.*

A la Cereza

Sabrosa y jugosa cereza
Tu color y brillo embrujan
Agua y azúcar te endulza
Abejas y aromas te inundan.

—José María Alonso
ALONSO DE LINAJE

www.ingramcontent.com/pod-product-compliance
Lightning Source LLC
LaVergne TN
LVHW041547070426
835507LV00011B/965